Emanuel Geibel

Gedichte von Emanuel Geibel

Emanuel Geibel

Gedichte von Emanuel Geibel

ISBN/EAN: 9783743665934

Hergestellt in Europa, USA, Kanada, Australien, Japan

Cover: Foto ©Thomas Meinert / pixelio.de

Weitere Bücher finden Sie auf **www.hansebooks.com**

Gedichte

von

Emanuel Geibel.

Dritte Periode.

Neunte Auflage.

Stuttgart.
Verlag der J. G. Cotta'schen Buchhandlung.
1865.

Neue Gedichte

von

Emanuel Geibel.

Neunte Auflage.

———

Stuttgart.
Verlag der J. G. Cotta'schen Buchhandlung.
1865.

Buchdruckerei der J. G. Cotta'schen Buchhandlung in Stuttgart.

Inhalt.

Vermischte Gedichte. Erstes Buch.

	Seite
Genesung	3
Mythus vom Dampf	5
Herbstnacht	10
Der Aether	13
Fausts Jugendgesang	15
Im Frühling	18
Lieder zu Volksweisen.	
1. Der Landsknecht	19
2. Betrogen	22
3. Lieb' und Leid	23
Abschied	24
Unterweges	25
Aus Griechenland	27
Ritornelle von den griechischen Inseln	32
Letzter Gruß	36
Schwerer Abschied	38
Lied nach Byron	39
Nach Sonnenrast	40
Elysium	42
Waldgespräch	44
Weil mir dein voller Kelch, nach V. Hugo	47
Vom Beten	49

	Seite
O du, vor dem die Stürme schweigen	50
Babel	51
Wandrers Nachtlied	55
Wie rauscht ihr Waldesschatten	57
Sonett	58
Historische Studien	59
Klage	65
Mein Friedensschluß	67

Lieder aus alter und neuer Zeit.

	Seite
Durch die wolkige Maiennacht	75
O gedenkst du der Stund'	76
Ihr Rebengärten an den Klüften	78
Nun kommt die Nacht am Himmelszelt	79
Das ist das alte Giebelhaus	81
O wüßt' ich's nur zu sagen	83
Ich lieg' im tiefen Schachte	85
Wenn du jemals in ein leuchtend Auge	86
Wenn es rothe Rosen schneit	87
Im Herbste, wann die Trauben glühn	88
O wie floß mir beglückt der Tag	90
Das ist der Liebe eigen	92
Fern in leisen dumpfen Schlägen	94
Nun winkt's und flüstert's aus den Bächen	95
Mein Roß geht langsam durch die Nacht	96
Es stand in meinem Hage	97
Ach, das ist der Schmerz der Schmerzen	99
Durch Reif und Frost	101
Auch der Schmerz ist Gottes Bote	102
Nun will der Ost sich lichten	103
Wohl flog mit rothen Wimpeln einst	104
Seiner Tage dunkles Ringen	105
Nun sich Laub und Knospe dehnen	106
Ueber der dunkeln Halde	107
Lilie du im Rosengarten	108

	Seite
Laß dich nicht gereun der Thränen	109
O laßt mir meine stille Weise	110
Sieh das ist es, was auf Erden	112
Durch Erd' und Himmel leise	114
Nach des Siechthums langer Plage	115

Sprüche 1—48 117

Vermischte Gedichte. Zweites Buch.

Die Erde	139
Herakles auf dem Oeta	142
Ich fuhr von St. Goar	145
Kein Hauch von Flur und Wald	148
Aus dem Schenkenbuch 1—17	150
Der Rhein	157
Frühlingsmythus	161
Höchstes Leben	163
Die Braut	164
Auf dem See	165
Romanze	166
Mädchenlied	167
Gudruns Klage	168
Volkers Nachtgesang	171
Abschied von Lindau	174
Indische Weisheit	179
Blauer Himmel	181
Wort und Schrift	182
Die Sehnsucht des Weltweisen	183
Der Tod des Tiberius	187
Der Bildhauer des Hadrian	194
Sonett des Dante	198
Palmsonntagmorgen	199
Zwei Psalmen	201
Gesang des Priesters	205

Distichen I—L. 209

Judas Ischarioth . . . .

Balladen und Erzählungen.
    Des Deutschritters Ave . . . .
    Die Windsbraut . . . .
    Die Türkenkugel . . . .
    Der reiche Mann von Köln . . . .
    Am Waldsee . . . .
    Herr Walther . . . .
    Die weiße Schlange . . . .
    Baier und Anna . . . .

Ada. Tagebuchblätter.

Vermischte Gedichte.

Erstes Buch.

Lübeck und Carolath.

Geibel, neue Gedichte

Genesung.

Nach dumpfer Schwüle
Was mir so frisch
Mit unsichtbarem Fittich
Die Stirne rührt,
Bist du's endlich
Himmelstochter Genesung?

Leise sinkt's wie Gewölk
Zerrinnender Nebel
Mir von den Sinnen;
Klarer, tiefer
Dünkt mich der Himmel,
Der Quellen Wogen
Rührt wie ferne Musik
Mein erwachend Ohr,
Und von den Wipfeln
Der schwarzen Tannen
Auf mich hernieder
Dämmern Gedanken.

Ach, noch kann ich dich nicht
Fassen, o Muse;
Noch versagst du
Dem irrenden Finger
Dein Saitenspiel;
Aber schon spür' ich
In ahnender Seele
Dein tröstlich Nahen,
Im Windesodem
Flattert dein Hauch schon;
Und seh' ich fern durch die Stämme
Auf Waldeswiesen
Des Sonnenstrals
Bewegtes Spielen,
So ist mir's oft,
Es sei das Wallen
Deines weißen Gewandes.

Mythus vom Dampf.

Es ruht auf klarem Perlenthrone
Die Meerfey im Kryſtallpallaſt,
Der Feuergeiſt mit güldner Krone
Durchſchweift die Lüfte ſonder Raſt;
Sie meiden ſich mit finſterm Grollen,
Sie ſtören, was des andern iſt;
So lang des Erdballs Achſen rollen,
Währt unverſöhnt ihr grimmer Zwiſt.

Da fängt in erzgetriebnen Schranken
Der Menſch, der Schöpfung Herr, die zwei,
Daß dienſtbar ſeines Haupts Gedanken
Ihr ungeſtümes Walten ſei.
Er bändigt ihren Grimm gelaſſen,
Er gibt dem dumpfen Trieb das Ziel;
In's Brautbett zwingt er die ſich haſſen
Zu unerhörtem Minneſpiel.

Und sieh, aus ihrem dunkeln Bunde,
Aus Lieb' und Abscheu, Brunst und Kampf
Erwächst in mitternächt'ger Stunde
Das starke Riesenkind, der Dampf.
Mit wildem Tosen, hochgestaltig
Entspringt er aus der Wiege Haft,
Durch all sein Wesen gährt gewaltig
Des Vaters Zorn, der Mutter Kraft.

Er fühlt's in seinen Adern sieden,
Ihn dünkt kein Werk zu schwer, zu groß.
Doch ach, es ward ihm nicht beschieden
Ein Feld des Ruhms, ein Heldenloos.
Nicht darf er in die Wolken greifen,
Nicht spielen mit des Blitzes Loh'n,
In Lüften nicht die Welt durchschweifen,
Ein freigeborner Königssohn.

Nein, wo der Mensch von Eisenschienen
Sein unabsehbar Netz gespannt,
Da muß in hartem Frohn er dienen,
Ein Herkules im Knechtsgewand;

Da muß er mit des Windes Flügel
Wettlaufen in erglühter Hast,
Und über Haide, Strom und Hügel
Dahinziehn die gethürmte Last.

Des Mühlrads ungeheure Speichen
Muß er im Schwunge rastlos drehn,
An's Schiff geschmiedet muß er keichen
Als Ruderknecht bei Sturmeswehn;
Er muß den Riesenhammer führen
Zu ewig wiederholtem Schlag,
Des Webstuhls Spulen sausend rühren;
Ein neues Werk bringt jeder Tag.

Seit Jahren trägt er's; doch im Stillen
Gedenkt er seines Stammes noch,
Und feindlich allem Menschenwillen,
Ingrimmig knirscht er in sein Joch.
O wenn von seiner Kraft getrieben
Ihr Nachts durchflogt ein weit Gebiet,
Vernahmt ihr bei der Funken Stieben,
Vernahmt ihr nie sein bräuend Lied?

„Frohlocket nur, ihr Herrn der Erde!
Ihr Staubgebilde bläht euch nur,
Daß ihr uns herzwangt zur Beschwerde,
Die alten Götter der Natur!
Ein schnöder Raub ist eure Krone,
Ein Hochverrath ist euer Ruhm;
Denn uns verstießet ihr vom Throne
Und theiltet unser Fürstenthum.

„Wohl dienen wir euch nun als Knechte,
Und dulden eurer Geißel Schlag;
Doch murren wir im Schooß der Nächte,
Und harren auf der Sühnung Tag.
Es bleibt des Glückes Sonnenwende
Für kein Geschlecht von Herrschern aus;
Auch euer Reich hat einst ein Ende,
Auch euer Bau zerfällt in Graus.

„Wenn ihr dereinst in Eisenbande
Des letzten Eilands Wildniß schlugt,
Wenn prunkend ihr durch alle Lande
Die Fackel stolzer Weisheit trugt;

Wenn dann von euren Königsesseln
Ihr greifet nach des Himmels Schein:
Dann springen jählings unsre Fesseln,
Dann bricht der Tag des Zorns herein.

„Dann wird des Vaters Krone blitzen,
Und jeder Blitz ist Weltenbrand;
Dann wird bis zu der Berge Spitzen
Die Mutter ziehn ihr Schaumgewand;
Dann will ich selbst auf freier Schwinge
Durch's All, Zerstörung brausend, wehn,
Und überm Trümmersturz der Dinge
Aufjauchzen, und in's Nichts vergehn."

Herbstnacht.

Ich schreit' hinan die Waldesbahn,
In Finsterniß und Schweigen,
Da kommt ein Sausen dumpf heran,
Da rührt sich's in den Zweigen.
Der Geist der Nacht ist aufgewacht,
Er singt in dunklen Zungen;
Hei, wie so wild das braust und schwillt
Von Berg zu Berg geschwungen!

Dahin, daher, wie Wogen im Meer,
Wiegen die Wipfel und schwanken,
Schon rieselt das Laub herab in den Staub,
Schon brechen Aest' und Ranken;
Der Eiche First erseufzt und birst,
Die Fichte kracht vom Hange,
Der Waldbach zischt, verkehrt in Gischt,
Wie eine bäumende Schlange.

Im Busch verirrt die Eule schwirrt,
Die Augen roth ihr funkeln,
Der Dammhirsch setzt vom Sturm gehetzt
Quer über den Steig im Dunkeln.
Das kreischt und ruft aus Fels und Kluft!
Das ist ein Flattern und Rasen!
Dazwischen schallt aus hoher Luft
Des wilden Jägers Blasen.

Laß schallen sein Horn, laß sieden den Born!
Laß Busch und Wipfel brausen!
Laß krachen die Tann' in des Windes Zorn!
Mir soll darob nicht grausen.
Ich weiß einen Bann, der zwingen kann
Den Nachtgeist, wie er wüte:
Von Dir ein Lied, Geliebte, zieht
Mir wonnig durch's Gemüte.

Bei Lampenschein jetzt harrst du mein
Im warmen Erkersaale,
Aus rankendem Grün rings Blumen glühn,
Von Düften qualmt die Schale.

Du horchst empor mit leisem Ohr:
„So war's der Nachtsturm wieder?"
Entfesselt rollt der Locken Gold
Dir über die Stirn hernieder.

Gott grüß' dich Kind! Ich schreite geschwind
Wie der Pilger zum tröstenden Bilde.
Deine Hand so weiß, wie wird sie mit Fleiß
Das Haar mir schlichten, das wilde!
Wie wird dein Mund bis zum Herzensgrund
Mit Küssen den Frost mir zerthauen!
O selige Rast! — Drum weiter in Hast
Durch die Nacht, durch den Sturm, durch das Grauen!

Der Aether.

Hoher Aether, hoher Aether,
Gestern sonnig, heut mit sanften
Schatten meine Schläfe kühlend,
O wie preis' ich deine Wunder!
Wie ein Vater ruhig heiter
Trägst am Busen du den Erdkreis,
Und er lächelt dir und läßt dich
Seines Wesens Duft und Blüte,
Seine ganze Schönheit saugen;
Denn die hohen Berge athmen
Zu dir auf, die Wälder streun dir
Rauschend ihren besten Weihrauch,
Thal und Fluß und Quelle dampfen
Dir ihr täglich Morgenopfer,
Und die Menschen — gleich als zög' es
Ewig sie zu deiner Stille —
Senden dir zu jeder Stunde
Ihrer Brust lebend'gen Odem,

Ihre Lieder, ihre Seufzer.
Und du nimmst die reichen Gaben
Willig hin und sammelst alle;
Aber nicht für dich — In Wolken
Deine Stirn verhüllend wandelst
Du den Schatz in lautern Segen,
Und in lichten Feuerflammen
Und in Tropfen und in Güssen
Gibst du wonniglich befruchtend,
Ihn der durst'gen Erde wieder.

Hoher Aether, hoher Aether,
Wie der Geist des Dichters bist du,
Der, auf Flügeln überm bunten
Farbenspiel des Lebens schwebend,
Deine Schönheit selig einsaugt.
Und dann wogt's in ihm, dann wölkt sich's
Wunderbar, er kann die Fülle
Seiner Schätze nimmer halten,
Und wie du in Blitz und Regen
Steigt er nieder im Gesang.

Fausts Jugendgesang.

Durch Klippen, die im Frühroth baden,
Durch schwarzer Thäler Einsamkeit
Hinzieh' ich auf entlegnen Pfaden,
Und Geister nur sind mein Geleit.
Mein Herz, das im Gewühl verdorrte,
Hier fühlt sich's heimathlich erwacht,
Die Wildniß lehrt mich ernste Worte
Und Räthsel deutet mir die Nacht.

Und du, o Sturm, wenn laut im Grimme
Dein Tosen durch die Klüfte bricht,
Mir ist's wie eines Bruders Stimme,
Die Muth und Kraft in's Herz mir spricht;
Ihr Wogen, die zuthal ihr brauset,
Ihr Fichten an des Sturzes Rand,
Ich weiß es was ihr schäumt und sauset,
Denn ich, auch ich bin euch verwandt.

Tränkst du nicht mich auch, Mutter Erde,
Mit deiner Milch aus heil'ger Brust?
Erziehst du, daß gestählt ich werde,
Mich nicht durch Kampf zu jeder Lust?
Neigst du den Blick, den stralend hellen,
Nicht, Vater Aether, zu mir her,
Und zeigst mir meine Spielgesellen
In Berg und Luft, in Wald und Meer?

Den Geyer seh' ich einsam schweben,
Und mein Gedanke holt ihn ein,
Der Wolke Dunstbild seh' ich weben,
Und ihr verhaltner Groll ist mein.
Und wenn erlöst dann in den Schlünden
Der Donner springt von Hang zu Hang,
Dann jauchzt's in meiner Seele Gründen,
Und meine Brust wird voll Gesang.

O Blitzeslodern, Felsenkühle,
O Sturm und Waldnacht nehmt mich hin,
Und wie ich ganz mich euer fühle,
Gebt Liebesantwort meinem Sinn!

In euern Füllen untergehen
Laßt dieses Herzens Einzelschlag,
Bis ich von eures Odems Wehen
Mein eigen Lied nicht scheiden mag!

Im Frühling.

Wie geht nun, da sich brach der Stürme Wüten,
Durch's Frühlingsthal ein wundervolles Weben!
Es weiß in jugendlichem Freudebeben
Kein Wesen mehr sein Innerstes zu hüten.

Des Baumes Seele bringt hervor in Blüten,
Die Blume läßt den Geist als Duft entschweben,
Zum Liede wird des Vogels tiefstes Leben,
Und licht in Flammen schmilzt der Wolke Brüten.

Mir ist es stets in diesen lichten Tagen,
Als ränge die Natur in heil'gem Triebe,
Ein göttliches Geheimniß uns zu sagen;

Ein Wort, das darum nur gestammelt bliebe,
Weil wir ihr selber nicht entgegentragen
Ein reingestimmtes Herz voll Glanz und Liebe.

————

Lieder zu Volksweisen.

1.

Der Landsknecht.

Ein Landsknecht bin ich worden
In des Feldhauptmanns Heer;
Dem frommen Landsknechtsorden
Dem sing' ich Preis und Ehr.
Wer fährt so gut mit frischem Muth
In diesen bösen Zeiten,
Als wie der Kriegsmann thut!

Die Fahne soll mich führen,
Die Fahne, meine Braut.
Wenn sich die Trommeln rühren,
Wie ruft sie da so laut!
Kein beßre Lust, als fest im Sturm
Für sie den Feind erschlagen,
Und stehen als ein Thurm.

Ich hab' nicht viel zu sparen
Als wie ein reicher Gauch;
Wohin wir mögen fahren,
Da nehm' ich, was ich brauch.
He Bäuerlein, Bäuerlein schürz' dich nun!
Den Krug thu' aus dem Keller,
Thu' an den Spieß das Huhn!

Drei Würfel und ein Karten
Die sind in jedem Schank;
Es kommt, mir aufzuwarten,
Ein Dirnlein schlank und blank.
Mein Feinslieb das heißt Braun und Blond,
Schneeweiß und Roth=wie=Rosen,
Ein andres jeden Mond.

Und reißen mir die Kleider,
Das schafft mir wenig Harm;
Mir macht der Wein, der Schneider,
Einen Rauschemantel warm;
Der deckt mich zu vor aller Plag
Im Graben und auf der Schanzen
Bis an den jungen Tag.

Und kommt eine Kugel balde,
Und nimmt mir fort ein Bein:
Es wächst viel Holz im Walde,
Ich darf nicht traurig sein.
Ei, was mich Strümpf' und Schuh gekost,
Nun mag ich's baß vertrinken;
Das ist ein tapfrer Trost.

Und werd' ich gar erschlagen,
Erschlagen auf breiter Haid:
Vier Spieße müssen mich tragen,
Ein Grab steht gleich bereit.
So schlägt man mir den Pummerlein pum,
Der ist mir neunmal lieber,
Als aller Pfaffen Gebrumm.

Wer hat dieß Lied gesungen
Zu Pfeif' und Trommelschlag?
Einem Landsknecht ist's gelungen,
Da er zu Augsburg lag.
Im grünen Baum da kehrt' er ein,
Und küßt' ein schwarzbraun Mädel
Und trank einen kühlen Wein.

2.

Betrogen.

Auf Flügeln sauft der Wind daher,
Es rinnen und rauschen die Quellen.
Du hast mich geliebt, doch du liebst mich nicht mehr,
Und äugelst nach andern Gesellen.
Was soll mir dein schwankender wankender Sinn!
Fahrhin, fahrhin,
Fahrhin mit den Winden und Wellen!

Ach, was ist so flatternd als Weibertreu!
Du kannst sie nicht halten noch binden.
Ach, was ist so bitter als Liebesreu,
Wenn die goldenen Schlösser verschwinden!
Wohl winkt' ich und rief ich vergebens zurück;
Mein Glück, mein Glück,
Das treibt mit den Wellen und Winden.

3.

Lieb' und Leid.

Wie flüchtig rinnt die Stunde,
Da in verschwiegner Glut
Sich neiget Mund zu Munde
Und Herz am Herzen ruht!
Der Mond hört auf zu scheinen,
Kühl geht des Morgens Hauch —
Kurz Lachen, langes Weinen,
Das ist der Liebe Brauch.

Und doch, wiewohl sie Leiden
Allzeit zum Lohne giebt,
Nie mag von Liebe scheiden
Wer einmal recht geliebt.
Er trägt die heißen Schmerzen
Viel lieber in der Brust,
Als daß er nie im Herzen
Von solchem Glück gewußt.

Abschied.

Leb wohl, leb wohl mein Kind, und keine Klage!
Noch einen Kuß, noch eine Neige Wein!
So licht und freundlich waren diese Tage,
Laß freundlich auch den Abschied sein.

Sieh, wenn hinab zu südlich fernen Borden
Im langen Wanderzug der Kranich schwirrt,
Begleitet ihn ein Traum vom grünen Norden,
Er spürt es, daß er wiederkehren wird.

So wird auch uns von unserm kurzen Glücke
Ein Schimmer fort und fort im Herzen stehn,
Und treu Gedenken sei die goldne Brücke
Vom Scheidegruß zum Wiedersehn.

———

Unterweges.

Nun zieh' ich hin, du liebes Kind,
Frisch vor mir fährt der Morgenwind,
Und rührt mit sanftem Schauder leis
Die Wipfel, die vom Frühroth glühen. —
Ach seit ich dich mein eigen weiß,
Wie reich dünkt mir die Welt zu blühen!

Allüberall, im Schmelz der Auen,
Im zarten Lichtgewölk, im Wald,
Glaub' ich dich, liebliche Gestalt,
Gleichwie durch Nebel noch zu schauen.
Die Sonne hebt aus dunkelm Bach
Dein lächelnd Auge mir entgegen;
Es täuscht der Glieder anmuthvoll Bewegen
Der Schattentanz des Laubes nach.

Und wenn urplötzlich dann im Wind
Das holde Gaukelspiel zerrinnt,

Dann schließ' ich rastend wohl die Augenlieder;
Und sieh, ein neues Wunder thut sich kund:
Ich find' in meines Herzens Grund
Dich klarer nur und schöner nur dich wieder.

Aus Griechenland.

Ich saß im Abendschein
Auf Naxos Traubenklippe;
Der Krug mit dunklem Wein
Erfrischte meine Lippe.

Da sah ich, wie im Thal
Mit Frucht und Silberblüten
Die Gärten sonder Zahl
Im Sonnenduft verglühten;

Ich sah am Fels empor
Hoch über luft'gen Stiegen,
Reblaub um Säul' und Thor,
Die schmucken Häuser liegen;

Ich sah der Heerde Zug,
Den Hirten mit dem Stabe;
Die Jungfrau schöpft' im Krug
Am Bach die frische Labe.

Und ferne blitzt' im Ring
Das Meer vergoldet wieder;
Denn hinter Paros ging
Die Sonne langsam nieder.

Da kam's mir in's Gemüt:
Hier unter diesem blauen
Gezelt, wo's ewig blüht,
Wie gut wär's Hütten bauen!

Es würde dir der Baum,
Es würden Feld und Reben
Dir mühlos wie im Traum
Des Lebens Nothdurft geben.

Ein Weib von dieses Lands
Gottähnlichem Geschlechte,
Sie flöchte Liebesglanz
In deine Tag' und Nächte.

Nicht in gelahrtem Wust,
In Nebel nicht begraben,
Genößest du mit Lust
Der großen Mutter Gaben.

Du sähst im Sonnenschein
Ihr formenbildend Walten,
Und dürftest weise sein
Und heiter wie die Alten.

———

So träumt' ich vor mich hin
In selig Schaun versunken;
Es war mein ganzer Sinn
Vom Glanz des Südens trunken.

Doch froh gedacht' ich's kaum,
Da sprach das Herz mit Beben:
Das ist ein schöner Traum,
Doch ist's ein Traumbild eben.

Wie sollte dir, o Thor,
Erblühen Rast und Friede,
Wo nimmermehr ein Ohr
Aufhorchte deinem Liede!

Bei Palm' und Rebgewind
Bald würde dich's verlangen
Zum Wald, wo du als Kind
Vertieft dahingegangen.

Von deinem Volke los
Und seinem Kampf und Trachten
Müßt' aller Füll' im Schooß
Dein einsam Herz verschmachten.

Und ob ein griechisch Weib,
Schön wie die Morgenröthe,
Dir freudig Seel' und Leib
Zum Eigenthume böte:

Es könnt' ihr fremder Brauch,
Ihr südlich Thun und Denken
Dir nie den Veilchenhauch
Der deutschen Minne schenken.

Drum auf, genieße frei
Den Glanz, der dich umwebet!
Nur, wie die Biene sei,
Die leicht im Sammeln schwebet.

Im Oelwald Attika's
Am Strand Homers erringe
Der Schönheit ew'ges Maaß,
Daß es dein Lied durchbringe.

Erfülle pilgernd hier
In tiefen Athemzügen
Die ganze Seele dir
Mit heiterem Genügen;

Doch wolle Stab und Gurt
Nicht rastend von dir legen;
Das Größt' ist die Geburt,
Und nur daheim ist Segen.

Ritornelle von den griechischen Inseln.

Corfu.

Auch Gruftcypressen
Trägst du, Corfu, sonst würde wer hier athmet
Nur Rosen pflücken und des Grabs vergessen.

Ithaka.

Als schroffe Klippe
Im Meer ragt Ithaka, doch gab ein Echo,
Ein ew'ges, ihr Homers geweihte Lippe.

Lesbos.

Süß war vor allen
Die Reb' auf Lesbos Gipfeln, herb erst ward sie,
Da Sapphos wilde Thräne drauf gefallen.

Paros.

Voll Ehrfurcht liegen
In Abendglorie seh' ich Paros Berge,
Draus, Hellas, deine schönen Götter stiegen.

Naxos.

Durch Höhn und Tiefen
Fuhr Dionysos hier im Pantherwagen,
Daß heute noch von Wein die Spuren triefen.

Salamis.

Nur Fischer wohnen
An deinem Strand, doch harfet Heldenlieder
Der Wind um deines Felsens Zackenkronen.

Thermia.

Von schroffen Küsten
Umgürtet hauchst du süße Luft dem Kranken,
Und strömst Genesung ihm aus Felsenbrüsten.

Creta.

Hier ruhn, im Kranze
Von Blüt' und Frucht, als Zwilling' Herbst und Frühling;
Doch Ida's Scheitel stralt im Silberglanze.

Delos.

O heilig Eiland!
Verwüstet liegst du, baumlos, menschenöde;
Nur deines Phöbus Auge grüßt wie weiland.

Chios.

Dir ward beschieden
Des Jammers viel, doch über Schutt und Thränen
Reift goldner nur die Frucht der Hesperiden.

Hydra.

Auf dürft'gen Riffen
Streng zogst du dein Geschlecht, da fällt' es Tannen,
Und ward ein Heldenvolk auf flücht'gen Schiffen.

Andros.

In Myrtenlauben
Singt Liebe hier die Nachtigall, und silbern
Den Fels umflattern Aphrodite's Tauben.

Santorin.

Hieher ihr Zecher!
Hier reift der Gott des Feuers Feuertrauben,
Und hat das Eiland selbst geformt zum Becher.

Letzter Gruß.

Fahrwohl, fahrwohl! Du ziehst von hinnen,
Und all mein Glück zieht mit dir fort;
Doch sahst du keine Thräne rinnen,
Und diese Lippe sprach kein Wort;
Fahrwohl, fahrwohl! Du ahnest nicht
Den Dorn, der mir in's Leben sticht.

Ach, als in meines Herbstes Trauer
Du tratest, Frühlingslicht um's Haupt,
Da ging durch diese Brust ein Schauer,
Die nie zu lieben mehr geglaubt;
Am Wunder, das an mir geschah,
Fühlt' ich: ein Engel war mir nah.

Und da du meinem Spiel dich neigtest,
Und forschend nach der Lieder Sinn
Die junge Seele ganz mir zeigtest,
Und aller Himmel Tiefen drin:

O wie mir da die Thräne quoll,
Und war doch höchster Freuden voll!

Mir war's, der Mond sei aufgegangen,
Mein dunkler Wandel ward voll Licht;
Ich träumte hin im schönen Prangen
Und dacht', ein Kind, der Zukunft nicht.
Fahrwohl! — In Wolken sinkt der Mond,
Und Nacht wird's. Doch ich bin's gewohnt.

Fahrwohl, Holdsel'ge, sei gesegnet,
Und sei gesegnet, wem du nahst;
Auch er, dem einst dein Herz begegnet,
Wann du mich längst vergessen hast —
Fahrwohl, fahrwohl! Was geht's dich an,
Daß ich dich nie vergessen kann?

Schwerer Abschied.

Niemals werd' ich das vergessen,
Wie dein Arm mich noch umfing,
Jedes Wort beim bangen Pressen
Dir in Thränen unterging.
Ach, wir lernten erst im Scheiden
Unsre Liebe ganz verstehn,
Und doch war's uns beiden, beiden:
's ist auf Nimmerwiedersehn!

Seit der Stunde jener Schmerzen
Noch den Druck von deiner Hand
Fühl' ich kühl auf meinem Herzen,
Wie ich damals ihn empfand.
Und wenn Alles schweigt um mich,
Mir auf's Bett die Sterne scheinen,
Ist mir oft, ich höre dich
In der Ferne weinen.

Lied.

(Nach Byron.)

Schlafloser Augen Sonne, trüber Stern,
Deß thränenvoller Stral erzittert fern,
Du zeigst das Dunkel, das vor dir nicht weicht;
Wie dir entschwundnen Glücks Erinnrung gleicht!
So glimmt was war, vergangner Tage Licht,
Es glimmt, doch machtlos wärmt sein Schimmer nicht:
Ein Nachtstral für des wachen Kummers Pfühl,
Deutlich, doch ferne — klar, doch o wie kühl!

———

Nach Sonnenrast.

Nach Sonnenrast, wenn unter Schauern
Das Thal versank in Dämmerschein,
Da ist mir's oft, als ging' ein Trauern
Durch Berg und Flur, durch Baum und Stein;

Als säh'n mit brünstigem Verlangen
Wie um Erlösung sie mich an:
„O nimm von uns dies stumme Bangen,
Den schweren tausendjähr'gen Bann!

Wir starren, weck' uns auf zum Leben;
Wir sind gefangen, brich uns Bahn;
Laß wieder tönen uns und schweben
Wie wir's im Anfang einst gethan.

An deinem Geist laß uns genesen,
Daß wir dahinziehn stoffbefreit,
Ein spielend Bild nur unser Wesen,
Dem Flügel deine Stimme leiht.

Wie wir in Gottes Schooß einst ruhten,
Gedanken, los vom Zwang des Orts,
So laß uns klingend wieder fluten
Im leichten Element des Worts!"

Das ist der Kreis, durch's All geschlungen,
Der Poesie geheimster Sinn;
Dem Wort ist alles Ding entsprungen,
In's Wort strebt alles Ding dahin.

Elysium.

Chor aus einer Komödie.

Heitre Nächte, heitre Tage
Feiert der Erwählten Schaar
In Elysiums duft'gem Hage,
Wo Musik die Lüfte hauchen,
Und aus Wassern, spiegelklar,
Goldne Blumen tauchen.

O wie löst sich hier das Trauern!
O wie stirbt in Lebensschauern
Süß dahin des Siechthums Leid!
Ewig jugendliche Glieder
Sind hinfort der Seele Kleid,
Leicht wie Schwangefieder.

Wer vom Lethe getrunken,
Ihm auf immer versunken

Sind die Träume des Scheins;
Doch zur Entfaltung genesen
Muß, was Blüte gewesen
Seines sterblichen Seins.
Selig so mit seligen Schatten
Wallt er über Asphodelosmatten
Hin im Dämmer des Lorbeerhains.

Waldgespräch.

Aus einer Komödie.

Linde.
Guten Abend. Wie steht's?

Eichbaum.
      Einstweilen noch fest.
Feststehn dünkt mich das allerbest'
In diesen irren Zeiten,
Wo unter uns der kleinen Welt
Ein rastlos Wandeln nur gefällt,
Ein Schwanken, Streiten und Gleiten.
Schau' ich so aus meiner Ruh
Der eitlen Hast der Menschen zu,
Wie in Sorgen ihr Tag vergeht,
Und was sie bau'n der Wind verweht:
Dann mit den bärtigen Wurzeln munter
Fass' ich tief in den Grund hinunter,

Der uns trägt seit undenklicher Zeit,
Dann wipfl' ich mit Zweig und Laube
Voller und höher vom Staube
Wolkenhinan in die Lüfte weit.
Und tief erquickt aus des Erdreichs Kerne,
Getränkt vom Thauen der Sterne,
Rausch' ich behaglich vor mich hin,
Und freue mich, daß ich nicht bin
Wie dies Geschlecht.

Linde.

Bruder, hast Recht.
Sind sie nicht Thoren?
Für eine Spanne Zeit geboren,
Füllen sie die mit Grillen und Mühn;
Wissen nichts von der Wonne,
Badend im Glanz der Sonne
Still von innen heraus zu blühn;
Im heimlichen Wachsen und Weben
Zu schauern wonnereich,
Alte Tage träumend zu leben,
Und neue zugleich.
Laß sie denn schwanken
In ihren Gedanken,

Täglich scheitern und neu sich erkühnen!
Wir bleiben fest an unserm Ort,
Lächeln darein und rauschen fort,
Und grünen.

Stimmen
(in den Wipfeln weiter wandelnd).

Wir stehn in Sonn' und Sternenschein
An unserm Ort, und lächeln drein,
Und rauschen fort, und grünen.

Nach V. Hugo.

Weil mir dein voller Kelch die heißen Lippen kühlte,
Weil meine bleiche Stirn in deiner Hand geruht,
Weil ich den süßen Hauch von deiner Seele fühlte,
Der wie ein Weihrauch ist in dunkler Lüfte Flut;

Weil mir's gegeben ward, von dir die süßen Laute,
Zu hören, drin das Herz sich aufschließt bis zum Grund,
Weil deine Thräne sanft auf meine Wimper thaute,
Weil ich mein Lächeln sah erblühn auf deinem Mund;

Weil auf mein Haupt ein Stral in wundervollem Glanze
Von deinem Sterne fiel, der sein Gewölk durchbrach;
Weil ich ein Rosenblatt, aus deiner Tage Kranze
Entrissen, sinken sah in meines Lebens Bach;

So sprech' ich unverzagt zu den entflieh'nden Lenzen:
Zieht hin, zieht immer hin! Nicht altert dies Gemüt;
Wie Schatten schwindet fort mit euren welken Kränzen!
In mir ist eine Kraft, die unvergänglich blüht.

Die Schale, die mich labt, ist stets zum Rand gefüllet,
Und nie zertrümmert sie der Flügelschlag der Zeit.
Mein Geist hat mehr der Glut, als ihr in Aschen hüllet,
Mehr Liebe hat mein Herz, als ihr Vergessenheit.

Vom Beten.

Du sagst, du magst nicht beten, denn es sei
Doch alles vorbestimmt. — Wie? Ist dein Gott
Denn schon gestorben, seine heil'ge Vorsicht
Ein bloßes Uhrwerk, das an Fäden schnurrt,
Der todte Nachlaß eines großen Künstlers?
Ist er nicht heut noch da und webt und schafft
Am nimmer fert'gen Werk? Giebt dieser Duft
Von jungen Rosen, der durch's Fenster quillt,
Nicht holde Bürgschaft seiner Gegenwart,
Und daß er lebt und liebt? Und wenn er lebt,
Wie hätt' er Macht nicht, auch dein Herzensflehn
In seines Rathes Schluß mit aufzunehmen,
So wie der Dunstkreis deinen Hauch empfängt,
Und dann Erhörung über dich zu regnen?

O du, vor dem die Stürme schweigen.

O du, vor dem die Stürme schweigen,
Vor dem das Meer versinkt in Ruh,
Dies wilde Herz nimm hin zu eigen,
Und führ' es deinem Frieden zu;
Dies Herz, das ewig umgetrieben
Entlodert allzurasch entfacht,
Und, ach, mit seinem irren Lieben
Sich selbst und andre elend macht.

Entreiß es, Herr, dem Sturm der Sinne,
Der Wünsche treulos schwankem Spiel;
Dem dunkeln Drange seiner Minne,
Gieb ihm ein unvergänglich Ziel;
Auf daß es, los vom Augenblicke,
Von Zweifel, Angst und Reue frei
Sich einmal ganz und voll erquicke,
Und endlich, endlich stille sei.

———

Babel.

Und sie sprachen: „Was brauchen wir fürder des Herrn?
Mag im Blauen er thronen, wir gönnen's ihm gern!
Doch die Erd' ist für uns, wir sind Könige drauf,
Laßt uns schwelgen und glühn! Sie bescheert uns vollauf.

Denn die Flur giebt uns Weiden, und Brod das Gefild,
Und den Fisch gibt der Strom, und die Forstung das Wild,
Und die Harfe den Ton, und die Rebe den Schaum,
Und das Weib ihren Reiz — und das andre ist Traum.

Und zum Zeugniß der Herrschaft, zum Zeugniß der Kraft
Laßt uns gründen ein Mal, das die Zeit nicht entrafft:
Einen Thurm, drum die Wolken sich lagern im Kreis,
Dem da droben zum Trotz und uns selber zum Preis!"

Und der Jubel des Volks ob der Rede war groß,
Und sie schritten an's trotzige Werk mit Getos;
Durch den Wald scholl das Beil, durch's Geklüfte der Karst,
Und es sank die Cypress' und der Porphyr zerbarst.

Und sie strichen die Ziegel und brannten den Thon,
Hoch schlugen aus bauchigen Oefen die Loh'n,
Hoch schritt durch's Gewühl das Kameel mit der Last,
Und die Kelle des Maurers war nimmer in Rast.

Und es knarrte die Wind', und es ächzte das Tau,
Und es wuchs wie ein Berg in die Lüfte der Bau:
Eine schwebende Stadt, dran der Blick sich verlor,
Und Zinn' über Zinnen und Thor über Thor.

Die Monde, die Jahre verstrichen im Flug,
Schon rührten den Gipfel die Wolken im Zug,
Da vermaß sich ihr Herz, und sie jubelten laut:
„Nun steht's! Und wer stürzt, was wir haben gebaut?

Unser Name wird gehn von Geschlecht zu Geschlecht,
Wie Göttern, so wird man uns opfern mit Recht;
Denn das ewige Werk, es ist morgen vollbracht."
Und sie harften und zechten, und schwarz kam die Nacht.

Doch der Engel des Herrn mit dem feurigen Schwert,
Der dem Ahn einst die Pforten von Eden gewehrt,
Stieg herab im Gewölk, da sie lagen im Schlaf;
Hoch schwang er das Schwert, und es flammt', und es traf.

Und wie Schall der Posaunen erklang's durch den Etral,
Da schwankten die Zinnen und stürzten zuthal;
Da zerbarsten die Pfeiler mit dumpfem Gekrach,
Und die Bogen, die Mauern, sie taumelten nach.

Und ein Schein war ergossen wie Schwefel und Blut,
Und es wirbelte Rauch, und der Rauch ward zur Glut,
Und die Lohe, gefacht von den Schwingen des Sturms,
Umschwoll wie ein Segel die Trümmer des Thurms.

Doch verstört aus dem Schlaf zu der Stätte des Bau's
Herstürzten die Menschen und schauten den Graus;
Bleich starrten sie hin in verzweifelndem Leid,
Und zerrauften ihr Haar, und zerrissen ihr Kleid.

Und sie däuchten sich fremd von Gestalt und Gesicht,
Und sie schrieen sich an und verstanden sich nicht,
Denn ihr Auge war trüb und verblendet sein Stern,
Und verwirrt ihre Zungen vom Zorne des Herrn.

Da wandten sie sich von Entsetzen erfaßt,
Wie der Hirsch, wenn das Hüfthorn ihn schreckt aus der Rast,
Und es ward eine Flucht, wie noch keine geschah,
Und Gewühl und Geheul und Gewimmer war da.

Und Gesichter voll Angst, wie der Marmor so blaß,
Und Lippen voll Fluchs und gestammelter Haß,
Und verworrener Haber, und hastige Fracht,
Und Gewieher und Wagengedröhn durch die Nacht.

Wie Spreu vor dem Wirbel nach Süd und nach Nord
Gen Aufgang und Niedergang stoben sie fort;
Und die Fackel des Brandes erleuchtete stumm
Ihren Pfad — und kein Einziger schaute sich um.

Und das Feuer verglomm, und die Flucht war vertost,
Und es graut', und die Sonne erhub sich im Ost;
Doch in schweigender Oede gewahrte sie nichts,
Als den wehenden Schutt auf der Statt des Gerichts.

Wandrers Nachtlied.

1848.

Vergangen ist nun manch ein Jahr,
Daß ich hier jung und fröhlich war;
Da schritt ich oft des Wegs daher,
Nun kenn' ich kaum die Straße mehr.

Wohl rauscht der Wald und trägt sein Kleid,
Sein grünes, wie in alter Zeit;
O Hoffnung, wie der Wald so grün,
Was mußtest du so rasch verblühn!

Das Wasser von den Bergen rinnt,
Den leichten Rauch zerführt der Wind,
Die Welt hat sich verwandelt gar,
Ich selbst bin nimmer, der ich war.

Mein Herz, so freudig einst, so weit,
Hat keine Lust an dieser Zeit,

Wo weise Lippe Thorheit spricht,
Und deutsche Treu wie Glas zerbricht.

Das ist mein Gram zu jeder Stund:
Sie baun und legen keinen Grund,
Sie rechten sonder Maß und Huld,
Und tilgen Schuld mit größrer Schuld.

Nur du, der überm Sternenzelt
Das Richtmaß aller Dinge hält,
Du bist dir selbst geblieben gleich,
Und aller Treu und Gnade reich.

O nimm mich, Herr, in deine Hut,
Und gieb mir einen festen Muth,
Daß ich getrost den schweren Tag,
Wie einst den guten, tragen mag.

Wie rauscht ihr Waldesschatten.

1849.

Wie rauscht ihr Waldesschatten
So kühl noch weit und breit!
Wie schaut im bunten Kleid
Ihr Blumen nur so lustig aus den Matten!
Wie mögt ihr Vöglein pfeifen
In dieser argen Zeit! —
Mir ist so trüb, ich kann es kaum begreifen.

Ist's doch ein Traum gewesen,
Der sonder Spur verschwand,
Daß du, mein deutsches Land,
Noch einmal seist zu Ehren auserlesen.
Und wo in vor'gen Tagen
Der Stuhl des Kaisers stand,
Wächst fort das Gras; das muß ich ewig klagen.

Sonett.

Der Acker, ewig umgewühlt vom Pfluge,
Erschöpft sich endlich, gute Frucht zu tragen:
So wird zuletzt nach höchster Blüte Tagen
Der Geist der Völker siech und lahm im Fluge.

Das Wissen überschärft sich selbst zum Luge;
Die Kunst wird Machwerk; alles Glauben Fragen;
Und Zweifel, wägend stets anstatt zu wagen,
Würgt jede That beim ersten Athemzuge.

Ausging die Zeugung, während tausend Zungen
Von Freiheit, Kraft und Größe prahlend dichten,
Als sei der Menschheit Gipfel nun erschwungen.

Doch plötzlich dann mit donnerndem Vernichten
Erbraust der Strom der Völkerwanderungen,
Aus Weltenschutt ein Brachfeld aufzuschichten.

Historische Studien.

Mephistopheles.

Wie, Fauste, find' ich hier im Wald
Dich über deinen Büchern hocken?
Verschleppst du die gelahrten Brocken
Jetzt gar in diesen Frühlingsaufenthalt?
Wie mag dein Geist im Staub vergilbter Schriften ruhn,
Wenn bringend dich zu beßrem Thun
Des Sprossers brünst'ge Schläge locken?

Faust.

Laß mich! Ich bin an hohem Werke;
Nie fühl' ich mich so frisch getränkt,
Als wenn ich in den Schooß vergangner Zeit versenkt
Auf der Geschicke leises Wachsthum merke,
Und auf den Rathschluß, der sie lenkt.
Am liebsten thu' ich das im Freien:
Dies Blühn umher, dies innige Gedeihen,
Dies rasche Welken hier und dort,

Das plötzlich folgt auf überkräft'ges Schwellen,
Erläutert mir die dunkeln Stellen
Und giebt zu manchem Räthsel mir das Wort.
Das große Weltgesetz, nachdem im ew'gen Reigen
Die Völker sinken oder steigen,
Und wechselnd alles Leben kommt und flieht —
Mit schärfrem Auge weiß ich's festzuhalten,
Wenn klar im Spiegel der Natur sein Walten
Sich abermals vor mir vollzieht.

Mephistopheles.

Ich will dir nicht den Spaß verderben;
Mir aber wär's ein trostlos Lied.
Die Summa heißt: Was lebt, muß sterben.
Lang wird am Krug geformt, und eh' man sich's versieht,
So stößt er an und liegt in Scherben.
Das Wie erfährst du jedenfalls zu spät;
Drum scheint mir deine Müh' ein fruchtlos Unterfangen.
Was kümmert's dich, wenn's leidlich dir ergeht,
Warum es andern so und so ergangen?

Faust.

Du sprichst im Ernst, als könntest du nicht sehn,
Wie eine Zeit die andre trage.
Sind denn der Vorgeschlechter Tage

Der feste Grund nicht, drauf wir stehn?
Das Erdreich nicht, drin unsers Lebens Baum
Bewußt und unbewußt unzähl'ge Wurzeln senket,
Und das ihn fort und fort mit Nahrung tränket
Bis in des Wipfels Blütensaum?
Ja mehr noch: Was in Lust und Wehen
Jemals in die Erscheinung trat,
Ist's nicht für immer, nicht für uns geschehen,
Ermuntrung, Warnung, Trost und Rath?
Das nennst du fruchtlos, was den Geist
Vom Druck unsichrer Einsamkeit errettet,
Indem's ihn an ein reiches Gestern kettet
Und deutend ihm die Bahn für morgen weist?
Denn wer nur das Vergangne recht erkannt,
Wird auch das Gegenwärtige durchschauen;
Er wird getrost mit doppelt sichrer Hand
Am großen Bau der Zukunft bauen.

Mephistopheles.

Mein Freund, das klingt pathetisch zwar,
Und viele haben so gesprochen;
Nur Schade, soll die Zeit nun in die Wochen:
So ist's am Ende doch nicht wahr.
Schau dich nur um im weiten Ringe
Nach Altem oder Neustem, wie es kommt,

Ob je die Einsicht in gewes'ne Dinge
Dem wilderregten Augenblick gefrommt.
Und lag der Fall auch noch so nah,
Und ließ er sich mit Händen fassen,
Wann hat ein Fürst durch das, was einst geschah,
Wann hat ein Volk sich warnen lassen?
Der Menschheit ewig wandelnde Gerichte,
Die Lehren des Geschicks, das alle Welt regiert,
Sie wurden stets am dumpfen Sinn zunichte;
Man lernte nichts aus der Geschichte,
Als wie Geschichte man docirt.

Faust.

So schlägst du frech die Hoffnung nieder,
Die kaum die Seele mir geschwellt?

Mephistopheles.

Versuch's und hoffe nur; ich habe nichts dawider,
Doch seh' ich, wie sie ist, die Welt.
Sie wird auch schwerlich anders werden,
Solange nach wie vor auf Erden
Der Mensch, indessen er genießt,
Das Ungemach vergißt, das dem Genuß entsprießt.
Verdarb er sich auch hundertmal den Magen,
Er läßt sich's immer wiederum behagen,

Wenn frisch der Becher um die Tafel geht;
Und Größrem sollte der entsagen,
Der solchem Reiz nicht widersteht?
Glaub' mir, die Herrschaft ist ein Zauber eigner Art,
Und stark genug, den Stärksten zu bethören.
Wer oben steht, mag keine Weisheit hören,
Und würde sie von Engelchören
Ihm durch ein Wunder offenbart.
Was soll das Maß ihm, hat er doch die Macht!
Er denkt, so müss' es ewig bleiben,
Und spürt er selbst, daß drunten in der Nacht
Die Kräfte schon, die ihn verderben, treiben:
Er schlägt sich's aus dem Sinn mit Vorbedacht.

Faust.

Doch wenn nun endlich reif zum Falle
Das Alte aus den Fugen bricht?

Mephistopheles.

Je nun, dann kracht's. Dann schrein und toben alle,
Und jeder Mund ist voll von Recht und Licht.
Du siehst sie himmelhoch von goldnen Zeiten schwärmen —
Im Grunde ist's ein nutzlos Lärmen,
Die Namen ändern sich, die Dinge nicht.
Bald eingerichtet sind die neuen Herrn,

Und lernen sacht im alten Gleise fahren;
Was eben noch ihr Hort und Stern,
Heißt Irrlicht schon nach wenig Jahren,
Und endlich alles Uebels Kern.
So treibt sich's fort mit ruhelosem Drehen
Im Kreis, wie Mühlenräder gehen,
Da frommt kein Rath, da gilt kein Halt;
Nur das steht fest im ew'gen Wühlen:
Wer die Gewalt hat, übt Gewalt,
Und wieder: wer nicht hören will, muß fühlen.

Klage.

(1850.)

Das treibt das Blut mir heiß in's Angesicht,
Daß, wo ich schweifen mag im fremden Lande,
Ich hören muß des deutschen Namens Schande,
Und darf nicht sagen, daß man Lüge spricht,
Ob mir von Scham und Gram darob das Herz zerbricht.

Denn ach, der Mund, einst aller Treue Hort,
Der deutsche Mund, deß Spruch gleich theuren Eiden,
Von Zucht und Wahrheit lernt' er sich zu scheiden;
Zerbrechlich worden ist wie Glas sein Wort,
Und seine Schwüre thaun wie Schnee um Ostern fort.

Und du, o deutsches Schwert, das scharf gefegt
Durch hundert Schlachten kühn sich Bahn gebrochen,
Wie zagst du, in der Scheide nun verkrochen,
Als wärst du Schilf, das keine Wunden schlägt,
Sobald nur Moskaus Zar die Stirn in Runzeln legt!

Ach, da's um Treu und Muth bei uns geschehn,
Da neigt' ihr Haupt und starb die deutsche Ehre —
Fragt nach bei Schleswig zwischen Meer und Meere!
Da liegt sie eingescharrt; die Winde gehn
Mit Pfeifen drüberhin. Wann wird sie auferstehn!

Mein Friedensschluß.

(1850.)

Wohl netzt' ich heiß mit Thränen meine Pfühle,
Und rang in Qualen, mich emporzuhalten;
Denn furchtbar brannte dieser Zeiten Schwüle.

Es lag die Welt in grimmem Kampf zerspalten,
Und zu der Heere keinem konnt' ich stehen;
Hier sah ich Wahnsinn, dort Verstocktheit walten.

Das allertiefste Weh war mir geschehen;
Denn meiner Sehnsucht Bild, nun war's gekommen,
Doch wüst verzerrt, ein Gräuel anzusehen.

Das trieb mich rastlos um, von Gram beklommen;
Doch endlich, als ich lange Nächt' und Tage
Gerungen, ward von mir die Last genommen.

Nur wem das Schicksal stumm ist, der verzage;
Zu wem der Gott spricht aus der Weltgeschichte,
Dem singt er Trost zuletzt zur Zeit der Plage.

Durch blasse Dämmrung führt er ihn zum Lichte,
Und zeigt ihm, wie von hoher Bergeszinne,
Vergangnes und Zukünft'ges im Gesichte.

Und so von ihm geleitet ward ich inne:
Es kämpft sich ein Gedank' in brünst'gem Hoffen
Durch jede Zeit, daß er Gestalt gewinne.

Doch in den Staub geboren weist er offen
Nicht gleich sein Antlitz; Geist und Bild sind zweie;
Verhüllt erst glüht er unter niedern Stoffen.

Durch mißgeschaffner Formen lange Reihe
Die Seelenwandrung hat er zu vollenden,
Bis er verklärt erglänzt im Licht der Weihe.

So rang der Vorwelt Sehnsucht aller Enden
Zum Schönen; doch bis sie's gelernt zu fassen,
Wie tastete sie lang mit schweren Händen!

Wie lange band sie Dinge, die sich hassen,
Im Bau der Sphinx, im Zwitterleib des Greifen,
Und thürmte schwunglos trüb gebrückte Massen!

Und dennoch lag im Wilden, Rohen, Steifen,
Der Keim schon, der bestimmt war, einst im Bilde
Der Schaumgebornen wonnig auszureifen,

Wie sie mit Götterlächeln die Gefilde
Durchzieht, und tausend Blumen weckt im Schreiten,
Ganz Liebreiz, ganz Holdseligkeit und Milde. —

Nun geht der Freiheit Geist durch diese Zeiten;
Die Massen rührt er, daß sie sich getrauen,
Nach dumpfem Sinn den Leib ihm zu bereiten.

Doch eine Binde liegt um ihre Brauen,
Ihr Thun ist maßlos, fiebrisch ihr Geberden;
Nur eine Götzin schaffen sie voll Grauen.

Und tausend Opfer fallen ihr auf Erden,
Denn ihre Satzung ist mit Blut geschrieben.
Das sind Geburtswehn; anders wird es werden.

Das Bild, aus krankem Sinn emporgetrieben,
Drin sphinxgestaltig Mensch und Thier sich einen,
Zerberstend wird's dahin in Aschen stieben.

In reinerem Gefäß dann wird erscheinen
Der heil'ge Funke, seine Kraft zu proben,
Denn jede Wandlung läßt ihm mehr vom Seinen;

Bis endlich, wie die Schönheit aus dem Toben
Des Meers, die Göttin aufsteigt aus den Schlacken,
Unschuldig, auf der Stirn den Stral von oben;

Im Glanzgelock ruht statt der Krone Zacken
Der Kranz ihr von des Oelbaums Silberlaube,
Und alle Welt beugt feiernd ihr den Nacken.

Die Stunde, da sie so entschwebt dem Staube,
Nicht träum' ich noch mit Augen sie zu grüßen;
Doch auch verzweifeln läßt mich nicht mein Glaube.

Er giebt mir Kraft, zu stehn auf kranken Füßen,
Den Spiegel jedem Zerrbild kühn zu zeigen,
Und doch dem Keim zu huld'gen drin, dem süßen.

Und weil ich muß beim Kampf des Tages schweigen,
Den Larven schlagen, hab' ich aufgerichtet
Dies Lied als Mal, daß ich der Freiheit eigen.

In ihrer Zukunft Sinn hab' ich gedichtet.

Lieder

aus

alter und neuer Zeit.

I.

Durch die wolkige Maiennacht
Geht ein leises Schallen,
Wie im Wald die Tropfen sacht
Auf die Blätter fallen.

Welch ein ahnungsreicher Duft
Quillt aus allen Bäumen!
Dunkel weht es in der Luft
Wie von Zukunftsträumen.

Da, im Hauch, der auf mich sinkt,
Dehnt sich all mein Wesen,
Und die müde Seele trinkt
Schauerndes Genesen.

Müde Seele, hoffe nur!
Morgen kommt die Sonne,
Und du blühst mit Wald und Flur
Hell in Frühlingswonne.

II.

O gedenkst du der Stund', als auf schimmernder Bahn
Ueberm See von Sankt Wolfgang uns wiegte der Kahn,
Wo die Felswand sich gipfelt aus laubiger Nacht,
Und die Tiefe der Flut ist wie lichter Smaragd?

Hochsommerzeit war's, und der Tag war uns hold,
Denn der Abend zerrann wie in schmelzendes Gold,
Und sein Widerschein wölbte sich leuchtend im See,
Mit Wald und Geklipp und den Firnen von Schnee.

Von dem Kirchlein am Hang mit den Fenstern voll Glut
Schwamm festlich Geläut zu uns her auf der Flut,
Zwei Glocken, die eine wie hellster Gesang,
Tiefstimmig die andre von schütterndem Klang.

Und als wär' er begabt mit Empfindung und Sinn,
Zog leiser und leiser der Nachen dahin,
Wie getragen von wehender Fittiche Schlag
Durch den Himmel, der über und unter uns lag.

O Stunde des Heils, da im endlosen Ring
Wie des Himmels Umwölbung die Lieb' uns umfing,
Und was tief in den schauernden Herzen uns klang
In einander verschmolz wie der Glocken Gesang!

III.

Ihr Rebengärten an den Klüften,
Ihr Nelken, die vom Fels ihr lauscht,
Wie habt ihr heut mit euren Düften
Mir räthselhaft den Sinn berauscht!

Durch all mein Wesen flutet wieder
Vergeßne Lust, erinnernd Leid;
Im Zwielicht kommt's auf mich hernieder
Wie Flügelschlag der Jugendzeit.

Mir ist, als rührte meine Wange
Ein Kuß von unsichtbarem Mund;
Da bäumt sich wild wie eine Schlange
Die Sehnsucht auf vom Herzensgrund.

Die Arme streck' ich voll Verlangen
In's Dunkel, das mich heiß umgiebt;
O komm, o komm, laß dich umfangen!
Wo bist du, Seele, die mich liebt?

IV.

Nun kommt die Nacht am Himmelszelt,
Der Pfad wird schwarz und still die Welt,
Die müden Füße schwanken;
Das Mühlrad wogt in Schaum und Flut,
Mein Herz das wogt in Liebesglut
Und sehnlichen Gedanken.

Wo bist du nur zu dieser Stund,
Da wir so oft von Herzensgrund
Gespräch und Kuß getauschet?
Wo bist du nur, und denkst du mein,
Nun wieder dir um's Kämmerlein
Die Lind' im Nachtwind rauschet?

Ein Kranich, der vom Schwarm verflog,
Schwirrt über mir im Dunkel hoch,
Und ruft betrübt den andern —
Wir beide tragen gleiches Leid;
Ach Gott, in Nacht und Einsamkeit
Wie traurig ist das Wandern!

Und komm' ich heim an meinen Ort,
Wohl grüßen mich die Kinder dort
Am Thor und auf den Gassen;
Doch bei den lieben Freunden mein,
Mir wird's wie in der Fremde seyn,
Dieweil ich dich muß lassen.

Ich seufze Tags: wär' ich bei dir!
Ich träume Nachts: du sprichst mit mir,
Und fahr' empor und weine.
Denn all mein Freud' und Glück und Ruh,
Denn meine Heimat bist ja du,
Du Eine, die ich meine.

V.

Das ist das alte Giebelhaus,
Wohl kenn' ich Treppen, Flur und Saal;
Sie stehn wie vormals, da ich hier
Geliebt zum erstenmal.

Dem Mond gleich wechseln Zeit und Herz,
Nun wohnen andre Menschen dort,
Und andre Liebe trägt mein Sinn;
Doch blieb gefeit der Ort.

Zum Fest heut ging ich hin im Schwarm,
Da kam's auf mich, nicht weiß ich, wie —
Ich hörte nicht Gesang und Spiel
Und dachte nur an Sie;

Und dacht' an meine junge Zeit,
Und wie wir's anders gar gemeint,
Und an ihr Auge blau und lieb,
Das, ach, um mich geweint.

Und als ich auf vom Sinnen fuhr,
Die Welt umher begriff ich kaum:
Als sei der Traum mein Leben, war's,
Und all mein Leben Traum.

VI.

O wüßt' ich's nur zu sagen,
Was mich in diesen Tagen
Bedrückt mit solcher Pein!
In Lieder wollt' ich's bannen,
Da trüg's der Wind von bannen,
Und wieder könnt' ich heiter sein.

Doch was unausgesprochen
Im Herzen fort muß pochen,
Was stumm und unreif wühlt,
Das ängstigt mich als Kummer,
Das hab' ich stets im Schlummer
Als einen schweren Alp gefühlt.

Drum frommt dir kein Zerstreuen;
Es wird sich nur erneuen,
O Herz, warum du zagst;
Du mußt es ganz durchdringen,
Damit du's frisch bezwingen
Und im Gesang versühnen magst.

Dein Gram muß unter Thränen
Sich zeit'gen erst und dehnen
Im Wachen und im Traum;
Dann kommt ein himmlisch Wallen,
Und von dir wird er fallen,
So wie die reife Frucht vom Baum.

VII.

Ich lieg' im tiefen Schachte,
Ein rother Edelstein,
Von Nacht bedeckt, und schmachte
Zu glühn im lichten Schein.

Da droben geht die Sonne;
Ich träume manch Gedicht
Von ihrer Strahlenwonne —
Aber sie sieht mich nicht.

VIII.

Wenn du jemals in ein leuchtend Auge
Schautest, und in seiner feuchten Tiefe
Eine liebe Menschenseele ruhn sahst,
O so blick' empor zum Himmel heute!
Denn ein glänzend aufgeschlagnes Auge
Ist auch er, und durch den blauen Schimmer
Magst du in den Abgrund aller Liebe,
Magst du tief in Gottes Herz hinabsehn.

IX.

Wenn es rothe Rosen schneit,
Wenn es Liebe regnet,
Oeffne, Herz, dem Glück dich weit,
Das so hold dich segnet.

Halt' im Liebe fest den Glanz
Solcher Freudentage,
Doch in's Heut versunken ganz
Nicht nach Morgen frage.

Weißt du doch, der Rosenzeit
Folgt die Sonnenwende,
Und die Liebe lohnt mit Leid
Immerdar am Ende.

———

X.

Im Herbste, wann die Trauben glühn
Und froh die Keltern schallen,
Da hebt der Sinn mir an zu blühn,
Das Blut mir an zu wallen.

Es treibt das Herz mich hin und her,
Und zuckt wie eine Flamme;
Verleugnen kann ich's nimmermehr,
Daß ich von Winzern stamme.

Denn kam ich auch am Ostseestrand
Das Licht der Welt zu suchen:
Mein Stammhaus steht im Frankenland
Im Dorf zu Wachenbuchen.

Da lauscht aus Rebenlaub hervor
Das Zeichen der Familie,
Auf hellem Schild hoch überm Thor
Die roth und weiße Lilie.

Und rings umher ist Weingebiet,
Und goldne Ströme rinnen,
Es klingt der Tanz, es schallt das Lied
Der ros'gen Winzerinnen.

Erst meinen Vater trieb sein Stern
Zur Hansastadt im Norden,
Wo er im Weinberg dann des Herrn
Ein rüst'ger Winzer worden.

Und wie mein Urahn Most geschenkt
Für durst'ger Wandrer Kehlen,
Hat er mit Gnadenwein getränkt
Die gottesdurst'gen Seelen.

Wohl zog sein hoher Geist auch mich
Auf ernste Lebensbahnen,
Doch stets, wann's herbstet, rühret sich
In mir das Blut der Ahnen.

Und Ruh noch Rast nicht hat mein Sinn,
Bis ich im Kreis der Zecher
Geküßt die schönste Winzerin,
Geleert den vollsten Becher.

XI.

O wie floß mir beglückt der Tag,
Als ausrastend ich weiland
Unter deinen Cypressen lag,
Naxos, blühendes Eiland!

Ach, noch hatte des Lebens Joch
Wund mich nimmer gerieben;
War im Hoffen ein Knabe noch
Und ein Jüngling im Lieben.

Eins nur kannt' ich als hohe Pflicht,
All mein Sinnen und Denken
Fromm mit jeglichem Morgenlicht
In das Schöne zu senken.

Und so träumt' ich zur Meeresbucht
Täglich nieder vom Riffe,
Droben glühte die goldne Frucht,
Drunten zogen die Schiffe.

Fern um sinkende Tempel lag's
Wie vorweltlicher Schauer,
Doch der Zauber des heut'gen Tags
Dämpfte jegliche Trauer.

Und im sinnenden Müßiggang
Zwischen Wogen und Winden
Reifte leise zum Frühgesang
Mein aufblühend Empfinden.

XII.

Das ist der Liebe eigen,
Mit Worten muß sie schweigen;
Sie spricht mit süßen Zeichen
Von Dingen ohne Gleichen.

Es sagt die Hand am Herzen:
Hier innen trag' ich Schmerzen,
Und möchte doch dies Leiden
Um alle Welt nicht meiden.

Im Auge spricht die Thräne:
Wie ich nach dir mich sehne!
Mein Wollen, Denken, Sinnen
Es will in deins verrinnen.

Es spricht der Lippe Zücken:
O laß dich an mich drücken,
Auf daß im Feuerhauche
Sich Seel' in Seele tauche!

So webt aus stummen Zeichen
Sich Botschaft sonder Gleichen;
Von Herz zu Herzen geht sie,
Doch nur wer liebt versteht sie.

XIII.

Fern in leisen dumpfen Schlägen
Ist das Wetter ausgehallt,
Und ein goldner Strahlenregen
Flutet durch den feuchten Wald.

Wie am Grund die Blumen funkeln!
Wie die Quelle singt im Fall!
Silbern aus den tiefsten Dunkeln
Blitzt das Lied der Nachtigall.

Ach, und in dem süßen Schallen,
In dem Glanz durch's lichte Grün,
Herz, erkennst du in dem allen
Nicht dein eigen selig Blühn?

Laß dein Singen denn und Preisen,
Und in Andacht lausche zu,
Wie der Frühling deine Weisen
Doch noch schöner spielt, als du.

XIV.

Nun winkt's und flüstert's aus den Bächen,
Nun duftet's aus dem Thal herauf;
In ungestümer Sehnsucht brechen
Die Knospen und die Herzen auf.

Des Hirsches Trott erklingt im Walde,
Im Blauen schifft der wilde Schwan,
Den Aelpler treibt's zur sonn'gen Halde,
Der Schiffer löst den schwanken Kahn.

Das sind die alten Zauberlieder,
Die hell in's Land der Frühling singt,
Daß tief durch alles Leben wieder
Ein ungeduldig Hoffen bringt.

Und in das schallende Getriebe
Hineingezogen wallst auch du,
Und suchst, o Herz, das Haus der Liebe
Und pilgerst nach dem Land der Ruh.

XV.

Mein Roß geht langsam durch die Nacht,
In Blumen steht die Haide,
Am Monde ziehn die Wolken sacht,
Wie Lämmer über die Weide.

Da kommt ein selig Stillesein
In mein bewegt Gemüte;
Mir ist es, jetzt gedenkst du mein,
Du Herz von reiner Güte.

Es ist dein Gruß, was mir so lind
Im Windeshauch begegnet;
O fühl' auch du den Gruß, mein Kind,
Der tausendmal dich segnet!

———

XVI.

Es stand in meinem Hage
Ein Eichbaum kronenlos;
Von jähem Wetterschlage
Zerspalten war sein Schooß.

Ihn schmückten keine Blätter,
Kein Vöglein kam ihm nah,
Er stand in Sonn' und Wetter
Ein dunkler Riese da.

Und sah ich fern ihn ragen,
Geschah mir's wie ein Leid;
Ich schaut' in ihm zerschlagen
Die deutsche Herrlichkeit.

Doch als mit Braus gefahren
Der Frühling heuer kam,
Mocht' ich am Baum gewahren
Ein Zeichen wundersam.

Von neuer Kraft durchquollen
Urplötzlich trieb der Schaft,
Die knorr'gen Zweige schwollen
Getränkt von üppigem Saft;

Hervor brach unverdrossen
In tausend Knospen bald,
In tausend lichten Sprossen
Des Lebens Urgewalt.

Und wo noch jüngst vom Stamme
So kahl die Aeste sahn,
Schien eine grüne Flamme
Zu spielen himmelan.

Und wie der Wind die Zungen
Der Flamme rauschend bog,
Und wie die Vögel sungen
Im dichten Laubgewog,

Da kam auf mich hernieder
Ein frischer Hoffnungstraum:
Getrost! So grünt auch wieder
Dereinst des Reiches Baum.

XVII.

Ach, das ist der Schmerz der Schmerzen,
Daß mit seinem Schwall der Tag
Selbst ein heilig Leid im Herzen
Trüb uns überfluten mag;

Daß wir Göttliches erfahren,
Aber nimmer ungestört
In der Brust es mögen wahren,
Weil der Sinn dem Staub gehört.

Wie der Geist inbrünstig ringe
Um ein stilles Friedensglück:
Der gemeine Strom der Dinge
Reißt uns mächtig stets zurück.

Und auf's neu von Schuld belastet,
Und auf's neu verzehrt von Reu,
Bleibt im Zwiespalt, der nicht rastet,
Nur die Sehnsucht uns getreu.

Ach, dann fühlen wir's, uns bliebe
Nichts, als trostlos Selbstgericht,
Wär' auf Erden nicht die Liebe
Und die Gnad' im Himmel nicht.

XVIII.

Durch Reif und Frost im falben Hage
Schreit' ich dahin bei rauhem Wehn.
So fühl' ich, ach, durch meine Tage
Mit leiser Klage
Des Herbstes kühle Schauer gehn.

Wo bist du, reiche Jugendwonne,
Du trunkner Glanz mir im Gemüt!
Ach, bleich und lässig hangt die Sonne
Im Nebel, die so schön geglüht.

Die Freuden brechen auf und wandern,
Zugvögelschwärme, fern hinab,
Und eine Hoffnung nach der andern
Fällt welk vom Baum des Lebens ab.

Nur du, gedämpfte Liebesweise,
Du meiner Sehnsucht tröstlich Wort,
Du bliebst mir treu und rauschest leise
Auch unterm Eise
Wie eine heiße Quelle fort.

XIX.

Auch der Schmerz ist Gottes Bote; ernster Mahnung heil'ge Worte
Bringt er uns, und öffnet leise tiefgeheimer Weisheit Pforte.

Aber unser irrend Auge, vielgetrübt vom Staub der Mängel,
Nicht erkennt es in der dunkeln Schattentracht sogleich den Engel.

Daß sein bittrer Kelch uns fromme, ach, es dünkt uns eitles Wähnen,
Und das eigne Heil mißachtend, grüßen wir's mit heißen Thränen.

Erst wenn scheidend der Verhüllte wiederum sich von uns wendet,
Sehn wir plötzlich über'm Haupt ihm eine Glorie, die uns blendet.

Durch die dunkeln Schleier brechen Silberflügel, klar getheilte,
Und die Seele ahnt es schauernd, welch ein Gast bei ihr verweilte.

XX.

Nun will der Ost sich lichten,
Die Hähne krähn von fern,
Und über schwarzen Fichten
Erglänzt der Morgenstern.

Und wie das Haar mir streifen
Die Lüfte kühl erwacht,
Da mag ich's kaum begreifen,
Daß ich geweint zu Nacht.

Vergangen ist mein Trauern;
Ich fühl' es tief zur Frist,
Wie du in diesen Schauern,
O Herr, mir nahe bist.

Und deines Friedens selig,
Mit ruhig heiterm Blick
In deine Hand befehl' ich
Auch dieses Tags Geschick.

———

XXI.

Wohl flog mit rothen Wimpeln einst
Mein Schiff in junger Zeit;
Dann kamen Sturm und Wetter,
Da trug ich schweres Leid.

Doch wie der frühe goldne Traum
Zerging des Kummers Last;
Nun schau' ich nach den Sternen
Vom Steuer, ernst gefaßt.

Was immer kam, ich hab's erkannt,
Am letzten war es gut;
Das hat mein Herz gegürtet
Mit einem festen Muth.

Fahr zu, mein Schiff, fahr fröhlich zu
Durch Glanz und Nebelrauch!
In deinen raschen Segeln
Der Wind ist Gottes Hauch.

XXII.

Seiner Tage dunkles Ringen,
Seines Volks Begehr und Streit,
Alles mag der Dichter singen;
Aber viel gehört der Zeit.

Mag er zorn'gen Kampf erheben,
Wenn's der Augenblick gebeut;
Doch dazwischen soll er weben,
Was sich fort und fort erneut,

Denn es werden einst Geschlechter,
Die auf seinen Siegen stehn,
Ungerührt im wunden Fechter
Nur ein prächtig Schauspiel sehn.

Das nur wird durch ihre Reihen
Gehn mit vollem Widerklang,
Was er von den ew'gen Dreien,
Gott, Natur und Liebe sang.

XXIII.

Nun sich Laub und Knospe dehnen,
Und der Wald in Veilchen blüht,
Glüht auch mir das alte Sehnen
Wie ein Feuer durch's Gemüt.

Ruhig sind nur, die da starben,
Herz, du spürst zu dieser Frist
An dem Brennen deiner Narben,
Daß du noch lebendig bist.

XXIV.

Ueber der dunkeln Haide
Wie weit, wie klar die Nacht!
Mein Aug' in stiller Weide
Versinkt in ihrer Pracht.

Aufblinkend fließt durch's Blaue
Wie Gold der Sterne Zug;
Ich spüre, wie ich's schaue,
Der Erde leisen Flug.

Das Haupt zurückgebogen,
Emporgespannt den Blick,
Fühl' ich's in mir wie Wogen
Leis flutender Musik;

Als käm' ein Widerhallen
Von jenen Harmonien,
Darin die Sphären wallen,
Durch meine Brust zu ziehn.

XXV.

Lilie du im Rosengarten,
Leicht und hoch auf schlankem Stamme
Schwebst du in den Morgenlüften,
Eine zarte Silberflamme.

Wie dein Kelch dem Stral erschlossen
Sich nach unten fest verschränket:
Eigen scheinst du kaum der Erde,
Nur dem Himmel, der dich tränket.

Ach, du grüßest mich von Einer,
Die ich rein, wie dich, erkannte,
Die ich einst mit süßem Namen
Seele meiner Seele nannte,

Die mich lehrte, wie die Liebe
Himmlisch sich enthüllt in Schmerzen —
Wenn ich ihrer nur gedenke,
Wird es Sabbath mir im Herzen.

XXVI.

Laß dich nicht gereun der Thränen,
Die du liebend einst geweint;
Unverloren blieb dein Sehnen,
Ob du's anders auch gemeint.

Was als Blume du zu pflücken
Allzuraschen Sinns geglaubt,
Sieh, nun flammt's, dich zu entzücken,
Dir als Sternbild über'm Haupt.

XXVII.

O laßt mir meine stille Weise,
O reißt mich nicht hervor an's Licht!
Mich dürstet nicht nach eurem Preise,
Und eure Bahn ist meine nicht.

Dem Sänger sind genug der Schlingen
Vom eignen heißen Blut gelegt;
Es frommt das Maß in allen Dingen,
Und doppelt, wo man Geister wägt.

Ist dieser Brust ein Ton beschieden,
Der stimmt in eures Herzens Schlag:
Wohlan, so gönnt mir Rast und Frieden,
Daß ich ihn voll verströmen mag!

Doch nicht, wo bei der Kerzen Funkeln
Den Reigen wilde Laune führt,
Der Gott hat immer nur im Dunkeln
Die Seele tönend mir berührt.

Er flieht die Stätten, wo die Menge
Sich Götzen formt und dann zerbricht;
Drum laßt mich werth sein seiner Strenge,
Und reißt mich nicht hervor an's Licht!

XXVIII.

Sieh das ist es, was auf Erden
Jung dich hält zu jeder Frist,
Daß du ewig bleibst im Werden,
Wie die Welt im Wandeln ist.

Was dich rührt im Herzensgrunde,
Einmal kommt's und nimmer so;
Drum ergreife kühn die Stunde,
Heute weine, heut sei froh!

Gieb dem Glück dich voll und innig,
Trag' es, wenn der Schmerz dich preßt,
Aber nimmer eigensinnig
Ihren Schatten halte fest.

Heiter senke was vergangen
In den Abgrund jeder Nacht!
Soll der Tag dich frisch empfangen,
Sei getreu doch neu erwacht.

Frei dich wandelnd und entfaltend,
Wie die Lilie wächst im Feld,
Wachse fort und nie veraltend
Blüht und klingt für dich die Welt.

XXIX.

Durch Erd' und Himmel leise
Hinflutet eine Weise
Wie sanftes Harfenwehn,
Die jedem Dinge kündet,
Wozu es ward gegründet,
Woran es soll vergehn.

Sie spricht zum Adler: Dringe
Zur Sonne, bis die Schwinge
Dir trifft ein Wetterschlag!
Spricht zu den Wolken: Regnet,
Und wenn die Flur gesegnet,
Zerrinnt am goldnen Tag!

Sie spricht zum Schwan: Durchwalle
Die Flut und dann mit Schalle
Ein selig Grab erwirb!
Sie spricht zur Feuernelke:
In Duft glüh' auf und welke!
Zum Weibe: Lieb' und stirb!

XXX.

Nach des Siechthums langer Plage
Endlich diese lichten Tage,
Blauer Himmel, stiller See;
Rebenduft in sonn'gen Lüften,
Tannen über schwarzen Klüften,
Und von fern der Gletscher Schnee!
Ach, da kommt noch einmal wieder
Innig Wohlsein auf mich nieder,
Und im warmen Born der Lieder
Löst sich auch das letzte Weh.

Sprüche.

1.

So lang du wallst auf Erdenbahnen,
Dem Irrthum, Freund, entgehst du nicht;
Doch läßt dich Irrthum Wahrheit ahnen,
Irrthum ist Farbe, Wahrheit Licht.

2.

Freude schweift in die Welt hinaus,
Bricht jede Frucht und kostet jeden Wein;
Riefe dich nicht das Leid nach Haus,
Du kehrtest nimmer bei dir selber ein.

3.

Wider den Schmerz dich zu vermauern,
Ist so verkehrt wie maßlos Trauern;
Du sollst von ihm dich mahnen lassen,
In dir dein Höchstes doppelt fest zu fassen.

4.

Du weißt, ein Leid aus Gottes Hand
Durchläutert dich wie Feuerbrand.
So lerne, wenn dich Menschen kränken,
Daß Gott auch dies dir schickt, zu denken;
Das mindert zwar nicht ihr Verschulden,
Aber es reinigt dein Erdulden.

5.

Das magst du selbst am Kleinsten spüren:
Wo die Schuld gegangen hinaus,
Immer durch dieselbigen Thüren
Tritt die Buße zu dir in's Haus.

6.

Schreibe mit unbedachtem Stift
Kein leichtes Wort an die leere Wand!
Daß keinen Reim dir eine Geisterhand
Darunterschreibe, der in's Herz dich trifft.

7.

Wenn was Gott dir zur Freude bescheert,
Deine Thorheit in Leid verkehrt,
Wird er dich künftig der Müh' überheben,
Und das Leid dir schon fertig geben.

8.

Wie sollen die Freuden dir wiederkommen,
Wenn du sie ruchlos aufgenommen!
So manche trat zu dir in's Haus,
Und ging als Sünde wieder heraus.

9.

Zerlege nur und ruhe nimmer;
Wie fein dein Scharfsinn mißt und trennt,
In allem Höchsten bleibt dir immer
Ein unergründlich Element.

10.

Heißt dein Herz dich Gutes thun,
Thu es rein um beinetwillen;
Läßt das Schöne dich nicht ruhn,
Bild' es, beinen Trieb zu stillen;
Doch das lasse dich ungeirrt,
Was die Welt dazu sagen wird.

11.

Warum du wider alles Hoffen
Noch niemals mitten in's Schwarze getroffen?
Weil du's nicht lassen konntest, beim Zielen
Immer in's Publikum zu schielen.

12.

Sobald sich Wahrheit nur, das junge Kind,
Von weitem zeigt und ruft: Macht auf geschwind!
So lauert auch schon grimmig hinterm Thor
Die alte Lüg' und schiebt den Riegel vor.

13.

Lüge, wie sie schlau sich hüte,
Bricht am Ende stets das Bein;
Kannst du wahr nicht sein aus Güte,
Lern' aus Klugheit wahr zu sein.

14.

Wenn du giebst, gieb ungesehn,
Ganz dem Freund und mild dem Armen;
Thu's aus innigem Erbarmen,
Und vergiß es, wenn's geschehn.

15.

Undank ist ein arger Gast;
Aber an den angethanen
Liebesdienst den Freund zu mahnen,
Ist so arg wie Undank fast.

16.

Wenn dir die Freude zu trinken beut,
Thu' einen herzhaften Zug für heut!
Willst du den Krug bis zum Grunde genießen,
Wird dir die Hefe dazwischen fließen.

17.

So du als Wirth zu Tisch dich setzest,
Schenke du nur vom besten Wein;
Denn wie du deine Gäste schätzest,
So wird dir selbst das Gastmahl sein.

18.

Gönne dem Herbst zum Eigenthume
Den blassen Kranz doch, der ihn schmückt!
Ist denn die Aster keine Blume,
Weil dich die Rose höher entzückt?

19.

Greift nur nach jedem bunten Schein,
Euch den Gesellschaftssaal zu schmücken!
Aber die Kunst geht nicht hinein,
Sie müßte gar zu tief sich bücken.

20.

Bist du betrübt, beseligt, Herz,
So meide der Gesellschaft Fratzen;
Dein höchstes Glück, dein tiefster Schmerz
Sind ihnen nichts, als Stoff zum Schwatzen.

21.

Recht ist hüben zwar wie drüben,
Aber darnach sollst du trachten,
Eigne Rechte mild zu üben,
Fremde Rechte streng zu achten.

22.

Kenn', o kenne deine Sphäre,
Laß sie nimmer ohne Noth!
Bist du Seefisch, bleib' im Meere,
Süßes Wasser ist dein Tod.

23.

Was du gründlich verstehst, das mache,
Was du gründlich erfuhrst, das sprich!
Bist du Meister im eignen Fache,
Schmäht kein Schweigen im fremden dich.
Das Reden von Allem magst du gönnen
Denen, die selbst nichts machen können.

24.

Laß dir den frischen Muth nicht beugen
Durch des Verzweiflers Jammerspruch.
Er schreit: „Die Zeit kann nichts mehr zeugen,"
Sonst fühlt' er selbst sich als Eunuch.

25.

Mit wen'gen kommst du nimmer fort,
Doch hunderttausend bring' zusammen;
Dann sprich es aus, das rechte Wort,
So setzest du die Welt in Flammen.

26.

Viel lieber Hoffart unverblümt,
Als wenn bei seines Unwerths Proben
Dir Einer seine Bescheidenheit rühmt,
Und doch nur will, du sollst ihn loben.

27.

Mit unsrer Tagskritik verdarb ich's leider,
Daß ich sie nie um ihre Weisheit frug;
Sie klopft noch stets die abgelegten Kleider,
Die ich vor fünfzehn Jahren trug.

28.

Von greisen Knaben welche Bande
Tobt dort heran, und lärmt, und schreit?
Sie reden irr vom Menschenverstande
Und sind berauscht von Nüchternheit.

29.

Wirf dein Talent nicht so hinaus,
Beleidigung damit zu rächen!
Die Biene, die versucht zu stechen,
Bringt keinen Honig mehr nach Haus.

30.

„Wie soll ich mich im großen Schwalle
Zur Geltung bringen, sag' mir's an!"
Mach Eins nur trefflicher als alle,
Nur Eins, was so kein andrer kann.

31.

Klug ist, wer stets zur rechten Stunde kommt,
Doch klüger, wer zu gehn weiß, wenn es frommt.

32.

Der spielt leicht übermüthig Spiel,
Wem gleich der Sieg vom Himmel fiel;
Wer siegen lernt' in Niederlagen,
Wird auch das Glück des Siegs ertragen.

33.

Das wollen wir Platen nicht vergessen,
Daß wir in seiner Schule gesessen:
Die strenge Pflicht, die römische Zucht,
Sie trug uns allen gute Frucht.
Aber wir möchten dabei nicht bleiben,
Das Dichten wieder deutsch betreiben,
Und gehn, wohin der Sprache Geist
Mit ahnungsvollem Laute weis't.

34.

Was rühmst du deinen schnellen Ritt!
Dein Pferd ging durch und nahm dich mit.

35.

Irrational erscheint das Leben;
Die Kunst soll keine Brüche geben.

36.

Zweck? Das Kunstwerk hat nur einen,
Still im eignen Glanz zu ruhn;
Aber durch ihr bloß Erscheinen
Mag die Schönheit Wunder thun.

37.

Höchstes Glück ist kurzes Blitzen,
Fühl's und sprich: auf Wiederkehr!
Ließ' es dauernd sich besitzen,
Wär' es höchstes Glück nicht mehr.

38.

Nur nicht dies und das verlangen
Sollst du, wenn die Stunde kommt;
Was sie bringt, das lern' empfangen,
Und sie bringt gewiß, was frommt.

39.

Zanke nie, wenn beiner Klarheit
Herb ein Graukopf widerspricht;
Reigentanz und junge Wahrheit
Lernen sich im Alter nicht.

40.

Nicht ein Sinn, erkühlt zu Eis,
Ueber Sünden wilder Jugend
Richte nur, wer stark in Tugend
Selbst doch von Versuchung weiß.

41.

Bangt dir um deiner Knaben Seelen,
So halt' sie scharf in Sitt' und Zucht;
Ihren Glauben magst du Gott befehlen,
Denn Glaub' ist erst des Lebens Frucht.

42.

Streb' in Gott dein Sein zu schlichten,
Werde ganz, so wirst du stark:
All bein Handeln, Denken, Dichten
Quell' aus Einem Lebensmark.
Niemals magst du reinsten Muthes
Schönes bilden, Gutes thun,
Wenn bir Schönes nicht und Gutes
Auf demselben Grunde ruhn.

43.

Wo Schönheit sich und Güt' entzwei'n,
Da wird die Schönheit nicht mehr rein,
Oder die Güte nicht ganz mehr sein.

44.

Gott würde dich so hart nicht fassen,
Hättest du sanft dich führen lassen.

45.

Kommt dir ein Schmerz, so halte still,
Und frage, was er von dir will.
Die ew'ge Liebe schickt dir keinen
Bloß darum, daß du mögest weinen.

46.

Wird die Luft auch trüb und trüber,
Wandellos bleibt Gottes Huld;
Leide dich nur, es geht vorüber,
Wenn du Eins gelernt: Geduld.

47.

Wie ein Adler aus dem Blauen
Ist der Schmerz, der seine Klauen
Jählings scharf in's Fleisch dir schlägt,
Aber dann mit starkem Flügel
Ueber Wipfel dich und Hügel
Zu des Lebens Gipfeln trägt.

48.

Giebt die Noth dich wider frei,
Prüfe dich mit frommem Eifer;
Ach, und warbst du drin nicht reifer,
Sprich noch nicht: sie ist vorbei.

Vermischte Gedichte.

Zweites Buch.

München.

Die Erde.

Wohl hast du einst mit hoher Wonne
Mein junges Herz getränkt, Natur,
Wenn mich der Glanz der Frühlingssonne
Zur Ferne zog durch Wald und Flur;
Vertieft in mich, mit halbem Lauschen
An deinen Wundern streift' ich hin,
Und wob in all dein Blühn und Rauschen
Der eignen Brust geheimsten Sinn.

Doch heilig ernster ist die Feier,
Damit du jetzt mein Herz umwebst,
Wenn du den falt'gen Isisschleier
Vom hohen Antlitz lüftend hebst;
Wenn du vom Reiz der bunten Schale
Mein Auge still zur Tiefe lenkst,
Und aus des heut'gen Tages Strale
In's Dämmerlicht der Urzeit senkst.

Da offenbart im Schwung der Auen,
In schwarzer Grotten Säulenschooß
Sich mir der Welle leises Bauen,
Des Feuers jacher Zornesstoß;
Da singt der Gurt geborstner Schichten
Ein heilig Lied mir vom Entstehn,
Und läßt in wandelnden Gesichten
Die Schöpfung mir vorübergehn.

Und wieder schau ich's, wie mit Toben,
Vom unterird'schen Dunst gedrängt,
Der flüss'ge Kern des Erdballs droben
Die meergebornen Krusten sprengt;
Wie er, ein Strom von zähen Gluten,
Bis in die Wolken rauchend stürmt,
Und über Thälern dann und Fluten
Zergipfelt zum Gebirg sich thürmt.

O Riesenkampf der Urgewalten,
Drin eine Welt sich gährend rührt,
Der von Gestalten zu Gestalten
Mich auf ein letzt Geheimniß führt!

Denn wie ich rastlos rückwärts dringe
Von Form zu Form, erlischt die Spur;
Ich steh' am Abgrund, draus die Dinge
Der erste Lebenspuls durchfuhr.

Da fällt in's zagende Gemüte
Ein Glanz aus tiefsten Tiefen mir:
„Im Anfang war die ew'ge Güte,
Und tausend Engel dienen ihr!"
Und wie sie licht in Flammen wallen,
In Fluten brausen allerorts,
Empfind' ich schauernd über allen
Den Hauch des unerschaffnen Worts.

Herakles auf dem Oeta.

Halt aus! Und ob's wie fressend Feuer auch
Bis an's Gebein dir zehrt: dies ist das letzte,
Was du zu dulden hast, halt aus mein Herz!

In Qualen noch des Todes preis' ich dich,
O Vater Zeus, Erhabner; denn ich weiß,
Du hast dem Sohne, dem in Sterblichkeit
Geborenen, auch dies zum Heil verordnet,
Und ziehst durch Leid und Hitze den du liebst,
Weil er dich sucht, in deine Klarheit nach.

Aus eitel Kampf und Mühsal webtest du
Mein irdisch Loos, und wie des Ringers Stunde
Am Tag der Spiele ging mein Leben hin.
Hab' ich vom Aufgang bis zum Niedergang
Den Erdkreis nicht bewandert? Hab' ich nicht,
Der nackte Mann, gerungen bis auf's Blut

Mit all der Riesenbrut der schwangern Wildniß,
Die, aufgequollen aus dem Element,
In trotz'ger Urkraft jeder Sühnung lachte,
Bis dieses Sehnen ihre Wuth erdrückt?
Hab' ich nicht deines Himmels stolz Gewölb
Getragen auf den Schultern hier, und bin
Hinabgestiegen zu den Pforten drunten
Der ew'gen Nacht, daß ich den Wächter dort
Mit meiner Hand, den grimmen, bändigte?

Nicht reut der Arbeit mich. Im Schweiß des Kampfes
Wuchs in der Brust der Kühnheit Blüte mir,
Des Harrens Muth, und meiner Glieder Kraft
Ward wie geschmiedet Erz. Doch preis' ich dich
Um Größeres. Denn wo die Brüder mir
Trostlos verzagten, oder eingehüllt
In dumpfen Trotz unwillig nur dem Schicksal,
Wie einer maßlos fremden Macht, sich beugten,
Da gabst du mir's, durch alles Irrsals Graus
Das Walten deiner Segenshand zu ahnen;
Und immer, wenn ich der gewalt'gen Noth,
Der unbeugsamen, fest in's Auge blickte,
Zuletzt erkannt' ich in den strengen Zügen
Dein Antlitz doch, o Vater, wie's auf mich
Auch so Verheißung lächelnd niedersah.

Heil mir! Denn wieder wie durch Schleier seh' ich's
Zu dieser Stunde. Horch, schon rollt, schon rollt
Um Oeta's Gipfel aus entwölktem Blau
Dein naher Donner Gnade kündend her,
Und winkend zuckt wie Adlerflügelschlag
Dein Blitz herab. Hab' Dank, hab' Dank, es lodern
Um mich die Scheiter; über, unter mir
Schlagen der Lösung Flammen jauchzend auf,
Und wie das Staubgeborne endlich, endlich
Gleich wie ein mürb Gewand herniederflockt,
Trägt mich des Rauches blühend Goldgewölk
Hinauf, hinauf zu dir, und schauernd trink' ich
In deinem Odem, der von oben mir
Begegnet, Jugend und Unsterblichkeit.

Ich fuhr von St. Goar.

Ich fuhr von Sankt Goar
Den grünen Rhein zu Berge;
Ein Greis im Silberhaar
War meines Nachens Ferge.

Wir plauderten nicht viel;
Die Felsen sah ich gleiten
Dahin im Wellenspiel,
Und dachte vor'ger Zeiten.

Und als wir an der Pfalz
Bei Caub vorüber waren,
Kam hellen Liederschalls
Ein Schiff zu Thal gefahren.

In's weiße Segel schien
Der Abend, daß es glühte;
Studenten saßen drin,
Mit Laub umkränzt die Hüte.

Da ging von Hand zu Hand
Der Kelch von grünem Glaste;
Das schönste Mägdlein stand
Im goldnen Haar am Maste;

Sie streute Rosen roth
Hinunter in die Wogen,
Und grüßte, wie im Boot
Wir sacht vorüberzogen.

Und horch, nun unterschied
Das Singen ich der Andern:
Da war's mein eigen Lied;
Ich sang es einst vom Wandern;

Ich sang's vor manchem Jahr,
Berauscht vom Maienscheine,
Da ich gleich jenen war
Student zu Bonn am Rheine.

Wie seltsam traf's das Ohr
Mir jetzt aus frembem Munde!
Ein Heimweh zuckt' empor
In meines Herzens Grunde.

Ich lauschte, bis der Klang
Zerfloß im Windesweben;
Doch sah ich drauf noch lang
Das Schifflein glänzend schweben.

Es zog dahin, dahin —
Still saß ich, rückwärts lugend;
Mir war's, als führe drin
Von dannen meine Jugend.

Kein Hauch von Flur und Wald.

Kein Hauch von Flur und Wald!
Vom Fluß ein Rauschen kaum!
Mein Schritt allein erschallt
Gedämpft im weiten Raum.

Ihr Sternenzwielicht gießt
Die Lenznacht erdenwärts,
Und ihre Frische fließt
Verjüngend an mein Herz.

Die wild in mir gestrebt,
Des Tags Begier, entweicht;
In meinen Adern schwebt
Das Leben licht und leicht.

Fast ist's, als streifte kühl
Mir eine Geisterhand
Vom Haupte das Gefühl
Der Schwere, die mich band.

Und schauernd wonniglich
In dunkler Lüfte Schwall
Ergießt die Seele sich,
Und schwimmt gelöst im All.

Aus dem Schenkenbuch.

1.

Wein her! Wein, damit du es lernst,
Herz, geduldig zu harren;
Weil du schier mir brächest am Ernst,
Gehn wir unter die Narren.

Weil zwei Schritte vor deiner Thür
Nichts vom Leben mehr dein ist,
Laß das Klügeln und forsche dafür,
Wo der feurigste Wein ist.

Schwärmen wollen wir eine Zeit
Bei den trunkensten Wirthen;
Aber es liege das Schwert bereit
Unter dem Grün der Myrten.

———

2.

Handeln und singen in guten Tagen,
In böser Zeit dazwischen schlagen;
Oder, bist du verdammt zu ruhn:
Nur nicht in müßiges Grollen versinken!
Immer noch besser ist Schwärmen und Trinken,
Als sich ärgern und gar nichts thun.

3.

Gegrüßt sei, wer mir kühnbeschwingt
Gedanken bringt und Lieder singt!
Gegrüßt, wer harmlos mir vertraut,
Was ihn bedrückt, was ihn erbaut!
Doch wer mir Gelahrtheit brockt in den Wein,
Der soll mein Zechgenoß nicht sein.

4.

Bringet Kerzen, Wein und Saiten,
Doch dann laßt dem Ding den Lauf!
Freude läßt sich nicht bereiten,
Wie die Blume geht sie auf.

5.

Recht zu trinken ist auch eine Kunst,
Die nicht jeglicher weiß zu fassen;
Du sollst den Wein in dir walten lassen,
Aber als Feuer, nicht als Dunst.

6.

Wenn du Flaschen frisch entsiegelst,
Thu's mit Sinn und thu's als Meister;
Denn es ist das Reich der Geister,
Dessen Pforten du entriegelst.

7.

Das soll dir nicht verhohlen sein,
Ormuz und Ahriman hausen im Wein;
Unter dem Stöpsel im Goldenen, Blanken
Schweben die freudigen Lichtgedanken;
Ahriman kauert am Boden der Flasche,
Und lauert, daß er dich erhasche.

8.

Es prüft sein Schwert an Flock' und Flaum,
Sein Gold im Tiegel der Kenner;
Der Weinstock ist der Erkenntniß Baum
Für die Seele der Männer.

9.

Laß mir die Knaben vom Feste;
Denn sie haben noch nichts erlebt!
Das ist am Weine das Beste,
Daß die Erinnerung drüber schwebt.

10.

Setzt mir, soll ich heiter schlürfen,
Nicht den schmächt'gen Schoppen her!
Mag ich auch nicht mehr bedürfen,
Doch empfinden will ich mehr.

Flaschen laßt mich auf dem Tische,
Fässer an den Wänden sehn.
Daß mich gründlich was erfrische,
Muß es aus dem Vollen gehn.

11.

Das ist im Wein die Gotteskraft,
Daß er zersprengt des Staubes Haft,
Und deinen Geist auf goldner Schwinge
Entrückt zum Mittelpunkt der Dinge,
Wo du die Erde schaust von fern
Im Sternenchor als lichten Stern.

12.

Tief am Grund im güldnen Becher
Liegt der Schlüssel zum Paradies;
Willst du ihn finden, so sei nur ein Zecher
Wie Sokrates und wie Hafis.

13.

Suche den Hauch vom Jugenblenze
Beim Wein zu nah nicht noch zu weit!
Er weht nur eben auf der Grenze
Zwischen dem Rausch und der Nüchternheit.

14.

Schütte dein Herz in den Becher nur,
So müssen die Sorgen versinken;
Aber die Thorheit ist leicht von Natur,
Die wird nicht mit ertrinken.

15.

Wein, der glühende Freier,
O wie schmeichelt er traut!
Feurig hebt er den Schleier
Meiner Seele, der Braut.

Feurig hebt er den Schleier,
Und sie läßt ihm sein Recht;
Aus der trunkenen Feier
Sproßt ein Liebergeschlecht.

16.

Augen feurig und feuriger Wein,
Wo die zusammen handthieren,
Da müßt' ich ja kühl wie der Nordpol sein,
Um nicht den Kopf zu verlieren.

Laß ihn denn fahren dahin, den Wicht!
Er schuf mir nur Grillen und Schmerzen;
Verliebte und Trunkene brauchen ihn nicht,
Sie denken mit dem Herzen.

17.

Der Schenk beschließt.

Frohsten Austausch hin und wieder
Bot ich heut als wackrer Schenk.
Gabt ihr Stimmung mir und Lieder,
Gab ich euch mein best Getränk.

Mild durchwärmt und leicht erhoben,
Frisch zu jedem Werk und klar,
Sollt ihr's mir erst morgen loben,
Daß mein Wein vortrefflich war.

Der Rhein.

(Fragment.)

O Sohn der Alpen, in krystallnen Wiegen
Genährt von Gletscherbrüsten, heil'ger Rhein,
Wenn du, dem blauen Schweizersee entstiegen,
Dich jauchzend warfst vom schroffen Felsgestein,
Und glorreich nun, ein Held nach frühen Siegen,
Das Thal durchwallst im laub'gen Kranz von Wein,
Zur Lust den Völkern und der Flur zum Segen:
Wie schlägt dir hoch das deutsche Herz entgegen!

Und traun mit Fug. Denn deutschen Lebens Bild
Und Zeuge bist du, seit von süßen Zähren
Auf deinen Höhn der Rebstock feurig schwillt;
All um dich her erwuchsen unsre Ehren;
Du sahst zuerst erhöht des Reiches Schild,
Des Reichs, nach dem wir fromm noch heut begehren,
Wir Waisen, nun im eignen Vaterlande
Ruhmlos zertheilt, wie du zuletzt im Sande.

Den Kaisern warst du werth; die Starken zog
Der Starke, daß, was gleich, zusammenwohne;
Hier stand der Stuhl des großen Karl, hier bog
Konrad das Haupt vor Konrad, eine Krone
Mit Lächeln missend; hier im Festgewog
Schied der im rothen Bart vom ehrnen Sohne;
Siegstrunken mocht' er deinen Wirbeln lauschen,
Nicht ahnend, daß sein Tod bald solches Rauschen.

Auf deinen Burgen horstet' ein Geschlecht
Frei, wild und mild; es wohnt' in seinem Sinne
Von deiner Traub' ein Anflug, zum Gefecht
Befeuernd wie zu Harfenschlag und Minne.
Wie freudig blutet' hier der Edelknecht,
Wenn aus der Herrin Blick von hoher Zinne
Ein Gruß als erster, ach, und letzter Dank
Auf sein verströmend Leben niedersank!

Und Städte sahn voll Trutz in deine Welle,
Wo unter'm Krummstab Bürgerfreiheit sproß
Und Füll' und Kunst, und wo dann morgenhelle
Die neue Zeit ihr Kinderaug' erschloß.

Denn war's zu Mainz nicht, wo in stiller Zelle
Ein andrer Dädalus die Flügel goß,
Die stark das Wort in alle Winde tragen?
Ward nicht zu Worms die Geisterschlacht geschlagen?

Und heut! Welch reich Gewühl umbraust noch heut
Die Rebenufer, wo vom breiten Riffe
Die Veste droht, und weit im Thal zerstreut
Die Essen rastlos sprühn! Mit grellem Pfiffe
Durchkeucht das Dampfgespann des Doms Geläut,
Und durch die Fluten wandeln Feuerschiffe,
Wie schwarze Riesenschwäne; Flaggen winken,
Und Winzerjubel schallt, und Römer blinken.

Gebrochen sind die Burgen. Ihre Zeit
Ging aus. Doch sitzt an ihrer Thürme Scharten
Die Sage harfend noch, die Wundermaid,
Und lallt im Traum von Chriemhilds Rosengarten,
Vom Drachenstein und von der Nonne Leid.
Und fließt das Mondlicht um die Felsenwarten:
Da singt die Loreley und aus dem Dunkel
Der grünen Wasser glimmt des Horts Gefunkel.

Gruß dir mein Rhein! Wie leicht bei dir einst flossen
Die Lieder mir, die jedes Tags Gewinn!
Mein Sternbild stand im Aufgang; noch im Sprossen
Wie Laub um Pfingsten grünte frisch mein Sinn.
Gruß euch, die ihr mir damals wart Genossen
In Leben und Gesang! — Wo seid ihr hin?
Ach, auseinander weit seit jenen Tagen,
Zu weit hat uns der Kampf der Zeit verschlagen. —

Frühlingsmythus.

Wie schauert heute durch die Lüfte
Ein allgewalt'ger Sehnsuchtshauch!
Es bringt bis in die tiefsten Klüfte
Der Sonnenstral durch Dunst und Rauch.

Und brunten hebt sich's ihm entgegen,
Wie er die eis'gen Schleier lüpft;
Du spürst es, wie in jungen Schlägen
Das Herz der Erd' erwachend hüpft.

Aus ihrem Busen ringt ein Fächeln
Wie leises Athmen sich hervor,
Sie schlägt mit träumerischem Lächeln
Des Wassers blaues Aug' empor.

Da geht aus uralt dunkeln Tagen
Ein Klang durch meine Brust dahin:
Im Räthselwort verschollner Sagen
Vernehm' ich ahnungsvollen Sinn;

Und über's dampfende Gefilde
Sing' ich das Lied als Frühlingsgruß,
Wie einst vom Zauberschlaf Brynhilde
Emporgebebt vor Sigurds Kuß.

Höchstes Leben.

O linder Frühwind, Schein der Sonne,
Wie füllt ihr heut mir Herz und Sinn!
Getaucht in euch empfind' ich ganz die Wonne,
Das holde Wunder, daß ich bin.

Es schwebt mein Geist in freudigem Genügen,
Gelöst von jeder Mühe, jedem Zwang;
Er athmet nur in leisen Zügen,
Allein sein Athmen wird Gesang.

Und wie ein kühles Feuer im Gemüte
Mir spielend Ruhn und Thun in eins verklärt,
Fühl' ich entzückt: dies ist des Lebens Blüte,
Und preise den, der mir auch das beschert.

Die Braut.

(Am Tage vor der Hochzeit.)

Wie schmachtet' ich noch jüngst
Um seinetwillen!
Und dennoch wein' ich nun
Für mich im Stillen.

Ach, als er heute mich
So heiß umfangen,
Kam in die Seele mir
Ein endlos Bangen.

Schluchzend an seinem Hals
Konnt' ich nicht sprechen;
Mir war's, als wollte was
In mir zerbrechen.

Das höchste Glück, so nah,
Macht, daß ich bebe —
O Liebster, wüßtest du,
Was ich dir gebe!

Auf dem See.

Nun fließt die Welt in kühlem Mondenlicht,
Die Berge sind in weißem Duft versunken;
Der See, der leis' um meinen Kahn sich bricht,
Spielt fern hinaus in irren Silberfunken,
Doch sein Gestad' erkenn' ich nicht.
Wie weit! Wie still! Da schließt in mir ein Sinn
Sich auf, das Unnennbarste zu verstehen;
Uralte Melodieen gehen
Durch meine Brust gedämpft dahin.
Es sinkt, wie Thau, der Ewigkeit Gedanke
Kühl schauernd über mich und füllt mich ganz.
Und mich umflutet sonder Schranke
Ein uferloses Meer von weißem Glanz.

———

Romanze.

Die mit dem Reiz der braunen Glieder
Im Tanz bezaubert jeden Sinn,
Sie schwingt das Tamburin nicht wieder,
Flamenca, die Zigeunerin.

Sie trug das Haar im Purpurnetze,
Den blanken Fuß im Seidenschuh;
Nun deckt der schattigste der Plätze
Den Schlaf des schönen Wildlings zu.

O rastet nicht am Maulbeerstamme,
Ihr Knaben, seid auf eurer Hut!
Es spielt im Dunkeln eine Flamme
Empor vom Boden, wo sie ruht.

Und oft beim Duft der Nachtviole,
Sagt man, daß sie den Rasen sprengt,
Und mit langsamem Blick zur Kohle
Dem, der sie schaut, das Herz versengt.

Mädchenlied.

Der du am Sternenbogen
Als Erstling kommst gezogen,
Schön vor den Brüdern du,
O sei mit deinem Strale
Gegrüßt sei tausendmale
Lieblicher Bote der Ruh!

Schon lösest du das Bangen,
Das mich am Tag umfangen,
Mit kühlem Dämmer sacht,
Und lässest mir im Innern
Aufgehen ein süß Erinnern
Wie eine Blume der Nacht.

Gudruns Klage.

Nun geht in grauer Frühe
Der scharfe Märzenwind,
Und meiner Qual und Mühe
Ein neuer Tag beginnt.
Ich wall' hinab zum Strande
Durch Reif' und Dornen hin,
Zu waschen die Gewande
Der grimmen Königin.

Das Meer ist tief und herbe,
Doch tiefer ist die Pein,
Von Freund und Heimatserbe
Allzeit geschieden sein;
Doch herber ist's, zu dienen
In fremder Mägde Schaar,
Und hat mir einst geschienen
Die güldne Kron' im Haar.

Mir ward kein guter Morgen,
Seit ich dem Feind verfiel;
Mein Speis' und Trank sind Sorgen,
Und Kummer mein Gespiel.
Doch berg' ich meine Thränen
In stolzer Einsamkeit;
Am Strand den wilden Schwänen
Allein sing' ich mein Leid.

Kein Dräuen soll mir beugen
Den hochgemuten Sinn;
Ausduldend will ich zeugen,
Von welchem Stamm ich bin.
Und so sie hold gebahren,
Wie Spinnweb acht' ich's nur;
Ich will getreu bewahren
Mein Herz und meinen Schwur.

O Ortwin, trauter Bruder,
O Herwig, Buhle werth,
Was rauscht nicht euer Ruder,
Was klingt nicht euer Schwert!

Umsonst zur Meereswüste
Hinspäh' ich jede Stund;
Doch naht sich dieser Küste
Kein Wimpel, das mir kund.

Ich weiß es: nicht vergessen
Habt ihr der armen Maid;
Doch ist nur kurz gemessen
Dem steten Gram die Zeit.
Wohl kommt ihr einst, zu sühnen;
Zu retten, ach, zu spät,
Wann schon der Sand der Dünen
Um meinen Hügel weht.

Es dröhnt mit dumpfem Schlage
Die Brandung in mein Wort;
Der Sturm zerreißt die Klage
Und trägt beschwingt sie fort.
O möcht' er brausend schweben
Und geben euch Bericht:
„Wohl lass ich hier das Leben,
Die Treue lass ich nicht!"

Volkers Nachtgesang.

Die lichten Sterne funkeln
Hernieder kalt und stumm;
Von Waffen klirrt's im Dunkeln,
Der Tod schleicht draußen um.
Schweb' hoch hinauf mein Geigenklang!
Durchbrich die Nacht mit klarem Sang!
   Du weißt den Spuk von dannen
      Zu bannen.

Wohl finster ist die Stunde,
Doch hell sind Muth und Schwert;
In meines Herzens Grunde
Steht aller Freuden Herd.
O Lebenslust, wie reich du blühst!
O Heldenblut, wie kühn du glühst!
   Wie gleicht der Sonn' im Scheiden
      Ihr beiden!

Ich denke hoher Ehren,
Sturmlust'ger Jugendzeit,
Da wir mit scharfen Speeren
Hinjauchzten in den Streit.
Hei Schildgekrach im Sachsenkrieg!
Auf unsern Bannern saß der Sieg,
Als wir die ersten Narben
Erwarben.

Mein grünes Heimatleben,
Wie tauchst du mir empor!
Des Schwarzwalds Wipfel weben
Herüber an mein Ohr;
So säuselt's in der Rebenflur,
So braust der Rhein, darauf ich fuhr
Mit meinem Lieb zu zweien
Im Maien.

O Minne, wundersüße,
Du Rosenhag in Blust,
Ich grüße dich, ich grüße
Dich heut' aus tiefster Brust!

Du rother Mund, gedenk' ich bein,
Es macht mich stark wie firner Wein,
   Das sollen Heunenwunden
     Bekunden.

   Ihr Kön'ge, sonder Zagen
   Schlaft sanft, ich halte Wacht;
   Ein Glanz aus alten Tagen
   Erleuchtet mir die Nacht.
Und kommt die Früh' im blut'gen Kleid:
Gott grüß dich grimmer Schwerterstreit!
   Dann magst du, Tod, zum Reigen
     Uns geigen!

Abschied von Lindau.

(Herbst 1854.)

Valet muß ich dir geben,
Du alte Lindenstadt;
Schon glüht an deinen Reben
Wie Purpur Blatt um Blatt;
Schon stiebt es von den Wipfeln
Und dunkler treibt die See,
Und auf der Berge Gipfeln
Erglänzt der erste Schnee.

Du bist mir hold gewesen;
So nimm des Gastes Dank,
Der hoffnungsvoll Genesen
Aus deinen Lüften trank,
Den nach verjährter Plage
Am grünen Flutenring
Durchsonnter Frühherbsttage
Beglückte Rast umfing.

Da lernt' ich fromm auf's neue
Die Stimmen all verstehn,
Die durch des Himmels Bläue
Im Zug des Windes gehn;
Was in den Wellen schauert,
Was in des Waldes Grund
Sehnsüchtig glänzt und trauert,
Noch einmal warb's mir kund.

Ich sah, wenn längst versunken
In Schwarz der Thäler Grün,
Am Schneehorn purpurtrunken
Ein heiß Erinnern glühn;
Wo grimm durch Klippenbogen
Der Gießbach Bahn sich schuf,
Erscholl mir's aus den Wogen
Wie trotz'ger Jubelruf.

Und wie im segelhellen
Besonnten Griechenschiff
Mich einst auf blauen Wellen
Das Lied Homers ergriff.

Sprach hier in dunklen Zungen
Aus Felsgeklüft und Tann
Der Geist der Nibelungen
Geheimnißvoll mich an.

Versenkt in tiefes Lauschen
Oft saß ich bis zur Nacht;
Da kam's wie Adlersrauschen
Auf mich herab mit Macht;
Durch meinen Busen zückte
Verwandter Drang und Klang,
Und was mich hob und drückte,
Ward flutender Gesang.

O stillvertiefte Stunden,
Labsal der Sängerbrust,
Wohl seid ihr hingeschwunden
Rasch mit des Sommers Lust.
Doch wallt das Herz lebendig
Mir auf nach eurer Ruh,
Und frohgekräftigt wend' ich
Der Heimat heut mich zu.

Dort winkt mir nach der Muße
Manch liebgewordne Pflicht;
Es winkt mit hohem Gruße
Des Herrschers Angesicht,
Der, jedem Flügelschlage
Des deutschen Geistes hold,
Der Hoffnung künft'ger Tage
Ein licht Panier entrollt.

Die Kunst in Laub und Blume
Umwob des Vaters Thron;
Nun ringt mit solchem Ruhme
Gedankenvoll der Sohn.
Den Ernst der Weisheitschule
Gesellt er jenem Flor,
Und neigt vom Königstuhle
Dem deutschen Lied sein Ohr.

Wohl mag ich treu ihm danken,
Der für den Wanderstab
Mir frommen Wirkens Schranken,
Mir Herd und Heimat gab,

Und, weil er selbst tief innen
Die heil'ge Flamme nährt,
Mit fürstlich hohen Sinnen
Des Dichters Freiheit ehrt.

Indische Weisheit.

Der Ganges rauscht; vernimm im Abendroth
Die Lehre von der Wandlung nach dem Tod.

Was ist, das ist von Anfang her gewesen,
Und wird im Tod zu neuem Sein genesen.

Der Inhalt bleibt, doch wechselt fort und fort
Die Signatur nach ew'ger Satzung Wort.

Woran bein Herz zuletzt gedacht auf Erden,
Darein wirst sterbend du verwandelt werden.

Trifft dich, o Jäger, noch voll Mordbegier
Der Tod: den Wald durchschweifst du einst als Thier.

Warst du vertieft, der Schöpfung Lied zu lauschen,
Als Blume wirst du blühn, als Welle rauschen.

Und so dein Gold dir zwang den dumpfen Sinn,
Zum Erz im Bergesschacht fährst du dahin.

Wohl faßt vor solchem Schicksal dich ein Beben;
Doch steht's bei dir, in's reinste Licht zu streben.

Gedenk' an Gott zur Stunde, da der Pfeil
Des Todes schwirrt, und du wirst Sein ein Theil:

Ein Tropfen, licht in's Meer zurückgesunken,
Spielend in Seiner Glut ein reiner Funken.

Doch dies erwäge: jählings naht der Tod
Und keiner sagt dir, wo noch wann er droht;

So sei, daß er nicht überrascht dich fälle,
Dein Auge stets gekehrt zur ew'gen Helle,

Und beines Wesens Blüte todbereit
In Gott versenkt zu jeder Stund' und Zeit.

Blauer Himmel.

Du Aetherblau, von sel'gem Licht getränkt,
Durchsicht'ge Tiefe, drein der Blick sich senkt,
Bis er geblendet taumelt, Abgrund du,
Unendlicher, der Heiterkeit und Ruh,
Wie schafft dein süßer Hauch den Geist mir leicht,
Den staubumschränkten, der dir, ach, nicht gleicht,
Und doch, von deiner Klarheit angerührt,
In sich den Keim verwandter Zukunft spürt!
Denn schauernd ahnt er, so gesättigt ganz
Von heil'gem Frieden ruhn im lautern Glanz,
So Licht und Segen strömen mühelos
Aus eigner nie erschöpfter Füllen Schooß —
Das wird, ob auch nach langer Wandlung Pein,
Zuletzt die Blume seines Wesens sein.

Wort und Schrift.

O Wunder sonder Gleichen, wie im Laut,
Sich der Gedanke selbst das Haus gebaut!

O zweites Wunder, wie dem Blick die Schrift
Den Schall versinnlicht, der das Ohr nur trifft!

Nicht Willkür schuf das Wort, sonst wär' es hohl;
Es ist des Geist's nothwendiges Symbol.

Und forschst du weiter, ist der Buchstab nur
Des flüss'gen Lautes feste Klangfigur.

———

Die Sehnsucht des Weltweisen.

Die fernen Flöten hör' ich schallen,
Der Feierhymnus wogt darein;
Es wälzt sich zu des Tempels Hallen
Des Volkes Strom im Morgenschein.
Der Knaben rothe Fackeln stralen
Auf weißer Festgewandung Zier;
Die Priester tragen goldne Schalen
Und führen den bekränzten Stier.

.

Wohl möcht' ich mit den Andern ziehen
Und jubeln in des Opfers Rauch;
Doch auf den Stufen, da sie knieen,
Umsäuselt mich kein Lebenshauch.
Der Kindheit milde Schleier sanken,
Die mich umfangen lieb und eng,
Und vor dem siegenden Gedanken
Erlag der Götter bunt Gedräng.

.

Doch wie sich des Olymps Gestalten
Gleich Träumen lösten nebelhaft,
Da war es mir, als flöß' ihr Walten
Zurück in Eine heil'ge Kraft.
Aus allem, was der Tag vollendet,
Spricht göttlich hoch ein ein'ger Sinn,
Und meine Seele stürzt geblendet
Vor dieses Reichthums Füllen hin.

O du, den ich zu nennen zage,
Du ew'ger Geist, deß reines Licht
Noch durch den Dunst der Göttersage
In tausend Farben spielend bricht;
Den sie in tausend Bildern ehren,
Und dem doch nie ein Bildniß glich,
Du, den ich nimmer kann entbehren,
Du Einziger, wie faß' ich dich!

Im Weltall sucht' ich ohn' Ermatten
Dich zu ergründen voll und ganz;
Doch Nachts verhüllst du dich in Schatten,
Und birgst am Tage dich im Glanz.

Und wenn das Morgenroth mich weckte,
Und überglüht aus meinem Traum
Die Hand ich tastend darnach streckte:
Es war nur deines Kleides Saum.

Wohl ruft der Donner deinen Namen,
Wohl zeigt der Blitz uns deine Spur;
Doch, ob sie deine Boten kamen,
Sie bringen halbe Kunde nur.
O, was von dir die Dinge stammeln
Mit dunkelm Deuten fort und fort,
Wirst du's, Erhabner, nie versammeln
In ein lebendig klares Wort?

Wird nie dein liebender Gedanke,
Voll Wehmut über unser Leid,
Herab sich neigen in die Schranke
Der sehnsuchtbangen Sterblichkeit?
Wirst nie dein blendend Licht du lassen,
Dich nah und menschlich kund zu thun,
Daß wir mit Armen dich umfassen
Und fromm an deinem Busen ruhn?

Ach, tief in meiner Seele Grunde,
Da schläft ein Ahnen wundervoll:
Der Lauf der Zeiten bringt die Stunde,
Da solches Heil geschehen soll.
O selig, denen du dein Wesen
Dann sichtbar hold entgegensenkst,
Die du zu himmlischem Genesen
Aus deines Lebens Adern tränkst!

Dann wird der Baum der Menschheit grünen;
Dann werden ihren alten Zwist
Der Himmel und die Erde sühnen
Durch den, der beider theilhaft ist.
Ein sanftes Leuchten wird durchbringen
Des Schicksals unverstandne Pein;
Das Leben wird den Tod verschlingen,
Und ein Gesetz der Liebe sein.

Der Tod des Tiberius.

Bei Cap Misenum winkt' ein fürstlich Haus
Aus Lorbeerwipfeln zu des Meeres Küsten
Mit Säulengängen, Mosaiken, Büsten
Und jedem Prunkgeräth zu Fest und Schmaus.
Oft sah es nächtlicher Gelage Glanz,
Wo lock'ge Knaben, Epheu um die Stirnen,
Mit Bechern flogen, silberfüßige Dirnen
Den Thyrsus schwangen in berauschtem Tanz,
Und Jauchzen scholl, Gelächter, Saitenspiel,
Bis auf die Gärten rings der Frühthau fiel.

Doch heut, wie stumm das Haus! Nur hier und dort
Ein Fenster hell. Und wo die Säulen düstern,
Wogt am Portal der Sklaven Schwarm mit Flüstern;
Es kommen Sänften; Boten sprengen fort;
Und jedesmal dann zuckt umher im Kreise
Ein Fragen, das nur scheu um Antwort wirbt:
„Was sagt der Arzt? Wie steht es?" — Leise, leise!
Zu Ende geht's; der greise Tiger stirbt.

Bei matter Ampeln Zwielicht broben lag
Der kranke Cäsar auf den Purpurkissen.
Sein fahl Gesicht, von Schwären wild zerrissen,
Erschien noch grauser heut, als sonst es pflag.
Hohl glomm das Auge. Durch die Schläfe wallte
Des Fiebers Glut, daß jede Ader schlug;
Niemand war bei ihm, als der Arzt, der alte,
Und Macro, der des Hauses Schlüssel trug.

Und jetzt mit halberstickem Schreckensruf
Aus seinen Decken fuhr empor der Sieche,
Hochauf sich bäumend: Schaff' mir Kühlung, Grieche!
Eis! Eis! Im Busen trag' ich den Vesuv.
O wie das brennt! Doch grimmer brennt das Denken
Im Haupt mir; ich verfluch' es tausendmal,
Und kann's doch lassen nicht zu meiner Qual;
O gieb mir Lethe, Lethe, mich zu tränken! —
Umsonst! Dort wälzt sich's wieder schon heran
Wie Rauchgewölk, und ballt sich zu Gestalten —
Sieh, von den Wunden heben sie die Falten,
Und starren mich gebrochnen Auges an,
Germanicus, und Drusus, und Sejan —
Wer rief euch her? Kann euch das Grab nicht halten?
Was saugt ihr mit dem Leichenblick, dem stieren,
An meinem Blut und dörrt mir das Gebein?

's ist wahr, ich tödtet' euch; doch mußt' es sein.
Wer hieß im Würfelspiel euch auch verlieren!
Hinweg! — Weh mir! Wann endet diese Pein!

Der Arzt bot ihm den Kelch; er sog ihn leer,
Und sank zurück in tödtlichem Ermatten;
Dann, aus den Kissen, blickt' er scheu umher,
Und frug verstört: Nicht wahr? Du siehst nichts mehr?
Fort sind sie, fort, die fürchterlichen Schatten —
Vielleicht auch war's nur Dunst. — Doch glaube mir,
Sie kamen oft schon Nachts, und wie sie quälen,
Das weiß nur ich. — Doch still! — Komm' setz' dich hier
Nah, nah; von anderm will ich dir erzählen.

Auch ich war jung einst, traut' auf meinen Stern,
Und glaubt' an Menschen. Doch der Wahn der Jugend
Zerstob zu bald nur; und, in's Innre lugend,
Verfault erfand ich alles Wesens Kern.
Da war kein Ding so hoch und baar der Rüge,
Der Wurm saß drin; aus jeder Großthat sahn
Der Selbstsucht Züge mich versteinernd an,
Lieb', Ehre, Tugend, Alles Schein und Lüge!
Nichts unterschied vom reißenden Gethier
Dies Rothgeschlecht, als im ehrlosen Munde
Der Falschheit Honig und im Herzensgrunde

Die größre Feigheit und die wildre Gier.
Wo war ein Freund, der nicht den Freund verrieth?
Ein Bruder, der nicht Brudermord gestiftet?
Ein Weib, das lächelnd nicht den Mann vergiftet?
Nichtswürdig alle — stets dasselbe Lied.
Da ward auch ich wie sie. Und weil nur Schrecken
Sie zähmte, lernt' ich Schrecken zu erwecken;
Und Krieg mit ihnen führt' ich. Zum Genuß
Ward ihre Qual mir, ihr verendend Röcheln.
Ich schritt in's Blut hinein bis zu den Knöcheln —
Doch auch das Grausen wird zum Ueberdruß.
Und jetzt, nur noch gequält vom Stral des Lichts,
Matt, trostlos, reulos starr' ich in das Nichts.

Sein Wort ging tonlos aus; er keuchte leis
Im Krampf, von seinen Schläfen floß der Schweiß,
Und graß verstellt, wie eine Larve, sah
Sein blutlos Antlitz. Zu des Lagers Stufen
Trat Macro da: Soll ich den Cajus rufen,
Herr, deinen Enkel, den Caligula?
Du bist sehr krank —

                Doch Jener: Schlange, falle
Mein Fluch auf dich! Was geht dich Cajus an!
Noch leb' ich, Mensch. Und Cajus ist wie Alle,
Ein Narr, ein Schurk', ein Lügner, nur kein Mann!

Und wär' er's, frommt' es nicht; kein Held verjüngt
Rom und die Welt, wie er mit Blut sie düngt.
Wenn's Götter gäb', auf diesem Berg der Scherben
Vermöcht' ein Gott selbst nicht mehr Frucht zu ziehn;
Und nun der blöde Knab'! Nein, nein, nicht ihn,
Die Rachegeister, welche mich verderben,
Die Furien, die der Abgrund ausgespien,
Sie und das Chaos setz' ich ein zu Erben!
Für sie dies Scepter! —
            Und im Schlafgewand
Jach sprang er auf, und wie die Glieder flogen
Im Todesschweiß, riß er vom Fensterbogen
Den Vorhang fort, und warf mit irrer Hand
Hinaus den Stab der Herrschaft in die Nacht.
Dann schlug er sinnlos hin.
            Im Hofe stand
In sich vertieft ein Kriegsknecht auf der Wacht,
Blondbärtig, hoch. Zu dessen Füßen rollte
Des Scepters rundes Elfenbein und sprang
Vom glatten Marmorgrund mit hellem Klang
An ihm empor, als ob's ihn grüßen wollte.
Er nahm es auf, unwissend, was es sei,
Und sank zurück in seine Träumerei.
Er dacht' an seinen Wald im Weserthal:
Die düstern Wipfelkronen sah er ragen;

Er sah am Malstein die Genossen tagen,
Blank jedes Wort wie ihrer Streitaxt Stahl,
Und treu die Hand zum Sühnen wie zum Schlagen.
Und an sein liebes Weib gedacht' er dann;
Er sah sie sitzen an des Hüttleins Schwelle
Im langen gelben Haar, wie sie, mit Schnelle
Die Spindel wirbelnd, in die Ferne sann,
Wohl her zu ihm; und vor ihr spielt' am Rain
Sein Knabe, der den ersten Speer sich schnitzte,
Und dem so kühn das blaue Auge blitzte,
Als spräch's: Ein Schwert nur, und die Welt ist mein!
Und plötzlich floß dann — wie, verstand er kaum —
Ein andres Bild in seinen Heimatstraum;
Vor seine Seele drängt' es sich mit Macht,
Wie er dereinst in heißen Morgenlanden
Als Wacht an eines Mannes Kreuz gestanden,
Bei dessen Tod die Sonn' erlosch in Nacht.
Wohl lag dazwischen manch durchstürmter Tag,
Doch konnt' er nie des Dulders Blick vergessen,
Darin ein Leidensabgrund unermessen
Und dennoch alles Segens Fülle lag. —
Und nun — wie kann's nur? — über seinen Eichen
Sah er dies Kreuz erhöht als Siegeszeichen,
Und seines Volks Geschlechter sah er ziehn,
Unzählig, stromgleich; über den Gefilden

Von Waffen wogt' es; und auf ihren Schilden
Stand jener Mann, und Glorie stralt' um ihn.

Da fuhr er auf. Aus des Pallastes Hallen
Kam dumpf Geräusch; der Herr der Welt war todt;
Er aber schaute kühn in's Morgenroth,
Und sah's wie einer Zukunft Vorhang wallen.

Der Bildhauer des Hadrian.

So steht nun schlank emporgehoben
Der Tempelhalle Säulenrund;
Getäfelt prangt die Kuppel droben,
Von buntem Steinwerk glänzt der Grund.
Und hoch aus Marmor hebt sich dorten
Das Bild des Donnrers, das ich schuf;
Du rühmst es, Herr, und beinen Worten
Folgt tausendstimm'ger Beifallsruf.

Und doch, wie hier vor meinen Blicken
Das eigne Werk sich neu enthüllt,
Mich selber will es nicht erquicken,
Und fast wie Scham ist, was mich füllt.
Ob nichts am hohen Gleichmaß fehle,
Ob jedem Sinn genug gethan:
Kein Schauer quillt in meine Seele,
Kein Unnennbares rührt mich an.

O Fluch, dem diese Zeit verfallen,
Daß sie kein großer Puls durchbebt,
Kein Sehnen, das, getheilt von allen,
Im Künstler nach Gestaltung strebt,
Das ihm nicht Rast gönnt, bis er's endlich
Bewältigt in den Marmor flößt,
Und so in Schönheit allverständlich
Das Räthsel seiner Tage löst!

Wohl bänd'gen wir den Stein, und küren,
Bewußt berechnend, jede Zier,
Doch, wie wir glatt den Meißel führen,
Nur vom Vergangnen zehren wir.
O trostlos kluges Auserlesen,
Dabei kein Blitz die Brust durchzückt!
Was schön wird ist schon da gewesen,
Und nachgeahmt ist was uns glückt.

Der Kreis der Formen liegt beschlossen,
Die einst der Griechen Geist beseelt;
Umsonst durchtasten wir verdrossen
Ein Leben, dem der Inhalt fehlt.

Wo lodert noch ein Opferfunken?
Wo blüht ein Fest noch, das nicht hohl?
Der Glaub' ist, ach! dahingesunken,
Und todter Schmuck ward sein Symbol.

Sieh her, noch braun sind diese Haare,
Und nicht das Alter schuf mich blaß;
Doch gäb' ich alle meine Jahre
Für Einen Tag des Phidias;
Nicht weil des Volks verstummend Gaffen,
Der Welt Bewundrung ihm gelohnt;
Nein, weil der Zeus, den er geschaffen,
Ihm selbst ein Gott im Sinn gethront.

Das war sein Stern, das war sein Segen,
Daß ihn mit ungebrochnem Flug
Der höchsten Urgestalt entgegen
Der Andacht heil'ger Fittich trug.
Er durft im Reigen der Erkornen
Voll Glanz noch den Olympos sehn,
Indeß wir armen Nachgebornen
In götterloser Wüste stehn.

Da uns der Himmel ward entrissen,
Schwand auch des Schaffens himmlisch Glück;
Wohl wissen wir's, doch alles Wissen
Bringt das Verlorne nie zurück.
Und keine neue Kunst mag werden,
Bis über dieser Zeiten Gruft
Ein neuer Gott erscheint auf Erden,
Und seine Priesterin beruft.

Sonett des Dante.

Sobald die Nacht mit dunklem Flügelpaar
Die Erd' umfängt, daß jeder Stral verblaßt:
In Luft und Meer, im Wald von Ast zu Ast,
Und unterm Dach wird still was rege war.

Denn Schlaf, der durch die Glieder wunderbar
Sich ausgießt, gönnet dem Gedanken Rast,
Bis daß auf's neu den Tag mit seiner Last
Aurora weckt im blonden Lockenhaar.

Ich Unglücksel'ger nur bleib' unerquickt;
Denn Seufzen, feindlich aller Ruhe, schafft
Mein Auge schlaflos und mein Herz voll Bangen.

Und, gleich dem Vögelchen im Garn verstrickt,
Je mehr ich suche zu entfliehn der Haft,
So mehr im Wirrsal find' ich mich gefangen.

Palmsonntagmorgen.

Es fiel ein Thau vom Himmel himmlisch mild,
Der alle Pflanzen bis zur Wurzel stillt;
      Laß dein Sehnen,
      Laß die Thränen!
Es fiel ein Thau, der alles Dürsten stillt.

Ein sanftes Sausen kommt aus hoher Luft,
Still grünt das Thal und steht in Veilchenduft;
      Göttlich Leben
      Fühl' ich weben,
Ein sanftes Sausen kommt aus hoher Luft.

Wie Engelsflügel blitzt es über Land;
Nun schmück' dich Herz, thu an ein rein Gewand!
      Sieh, die Sonne
      Steigt in Wonne,
Wie Engelsflügel blitzt es über Land.

Macht weit das Thor! Der König ziehet ein,
Die Welt soll jung und lauter Friede sein;
   Streuet Palmen!
   Singet Psalmen!
Hosannah singt, der König ziehet ein.

Zwei Psalmen.

1.

Aus diesem Thal des Kummers
Vernimm, o Herr, mein Flehen!
Voll Angst, beraubt des Schlummers
Lieg' ich die Nacht hindurch in heißen Wehen;
Durch mein Gebein rinnt irr ein fiebernd Grausen,
Die wilden Wasser gehen
Hoch über meine Seele hin mit Brausen.

Nicht weiß ich, wo ich bleibe,
Von Thränen strömt mein Bette;
Es ist an meinem Leibe
Gesundes nichts und nichts, was Frieden hätte.
Von Stöhnen heiser denk' ich meiner Fehle;
O rette, rette, rette
Aus dieses Jammers Abgrund meine Seele!

Wohl fühl' ich, ich bin schuldig,
Ich selbst an meinem Schaden;
Doch du bist, Herr, geduldig,
Ein Heiland und ein Arzt von großen Gnaden.
Und wäre Sünde, roth wie Blut, die meine,
Du kannst mich lauter baden,
Daß ich wie frischgefallner Schnee erscheine.

Du kannst auch lösen wieder
Dies Leid, das mir geschehen,
Kannst die zerschlagnen Glieder
Aufrichten, daß sie fest wie Säulen stehen.
O birg dein Antlitz nicht zu dieser Stunde!
Für Recht laß Gnad' ergehen,
Daß ich am Geist, daß ich am Leib gesunde!

Sieh an mein qualvoll Schwanken
Gleich der verdorrten Blume;
Wie soll mein Staub dir danken,
So du der Gruft mich giebst zum Eigenthume!
Die Todten schweigen deiner Herrlichkeiten;
Doch hell zu deinem Ruhme
Will ich mein klingend Harfenspiel besaiten.

O hilf, daß ich den Zagen
Dein gnädig Walten deute,
Und wie du Noth und Klagen
In Reigen kehrst, und nimmst dem Tod die Beute.
Denn sanft im Säuseln kommst du nach dem Wetter;
O komm, o hilf auch heute,
Mein Fels und meine Burg, mein Hort und Retter!

2.

Nach schwerer Irrfahrt langen bangen Stunden,
Nun endlich hat die Schwalb' ihr Nest gefunden.

Sie baut im Vorhof an des Herrn Altären,
Das ist die Statt, da trocknen alle Zähren.

Da säuseln in den Palmen Heimatlüfte,
Da blühn die Lilien, Frieden ihr Gebüfte.

Da springt wie Silber klar der Born der Gnaden,
Die Seele trinkt und sie genest vom Schaden.

Die blutroth war von Sinnenlust und Grolle,
Wird rein wie Schnee und junger Lämmer Wolle.

Wo ist ihr Leid nun? Wie ein Traum zerronnen.
Wo bleibt ihr Seufzer? Er verging in Wonnen.

Ein Tag der Rast in diesen Säulenhallen
Ist mehr, denn draußen tausend Jahre wallen.

Und besser ist's, hier an den Schwellen wohnen,
Als in der Welt ob allen Reichen thronen.

Gesang des Priesters.

Der du einst in freier Liebe
Dich in unsern Staub gebannt,
Unsrer Brust verworrne Triebe,
Ach, und all ihr Leid erkannt;
Der du selbst in jenen Tagen
Schmecktest der Versuchung Pein:
Denen, die im Kampf erlagen,
Reiner, kannst du gnädig sein.

Ach, du weißt, in Sehnsucht schweifen
Tausend Geister weit und breit;
Doch, vom Schein bethört, ergreifen
Für das Wesen sie das Kleid.
Was nur geistlich mag gelingen,
Was nur göttlich kann erstehn,
Wollen sie im Fleisch vollbringen —
Sollen sie verloren gehn?

Die da suchen ohne Steuer
Heimwehbang ein Ruhgestad,
Die ein irres Liebesfeuer
Hintreibt auf der Sinne Pfad,
Die im Dämmer tauber Schachten
Graben nach der Wahrheit Licht,
Alle, die nach Freiheit schmachten,
Meinen Dich und wissen's nicht.

O beim Worte, das die Rächer
Von der Sünderin verwies,
Bei der Milde, die dem Schächer
Noch am Kreuz das Heil verhieß,
Bei dem Glanz, der himmlisch blendend
Um Damascus Weg geflammt,
Und, den Sinn des Eifrers wendend,
Ihn gesalbt zum Botenamt:

Zeuch, o Herr, die durst'gen Seelen,
Die in dunkler Trostbegier
Im Vergänglichen sich quälen,
Zeuch sie liebend all zu dir!

Statt der Schale, dran sie kleben,
Laß sie schaun der Dinge Kern!
Steig in ihrem dunkeln Leben,
Steig empor als Morgenstern!

Distichen.

I.

Tageszeiten der Kunst.

Dreifach sind in der Kunst wie im Leben die Stufen der Schönheit;
Geh zum Garten, im Bild zeigt sie die Rose dir an.
Keusch in sich selber vertieft, wie ein halb noch zu rathendes Räthsel,
Birgt sie am Morgen im Kelch streng den geschlossenen Reiz;
Doch nun schwellt sie der Tag; da beginnt sie zu lächeln, geöffnet,
Kaum wie zum Gruße geneigt schwebt sie in ruhiger Pracht;
Aber entgegengebeugt dem Bewunderer hängt sie am Abend,
Und — weit offen den Schooß — strömt sie berauschenden Duft,
Stets noch schön und reicher als je; doch du ahnst in der Fülle,
Welche den Gürtel gelöst, schon den Beginn des Verfalls.

———

II.

Wissenschaft, stolzragender Bau, dran tausende rastlos
  Durch Jahrhunderte fort ewiglich wechselnd sich mühn!
Selbst dem Gewaltigsten stellt sich ein Anderer bald auf
  die Schultern;
Aber der Künstler beginnt, merk' es, und schließt mit
  sich selbst.

III.

Freilich die Tochter des heutigen Tags ist immer die Dichtkunst,
  Aber die Mutter zugleich soll sie des künftigen sein.
Was die Epoche besitzt, das verkündigen hundert Talente,
  Aber der Genius bringt ahnend hervor was ihr fehlt.

IV.

Nicht die Natur blos macht den Poeten, es macht ihn die
  Kunst auch;
Fülle des Wesens allein reizt, doch ermüdet sie bald.
Nur so viel du gestaltend bezwangst vom inneren Reichthum,
Mag, Jahrhunderte durch, ruhig im Wechsel bestehn.

V.

Wo ein lebendiger Geist in den Stoff, den kühn er bewältigt,
  Seiner besondersten Art kenntlichen Stempel gedrückt,
Da wohnt Zauber der Form. Ihr meint ihn freilich gewonnen,
  Wenn mit dem Schliff der Fabrik jedes Gepräg ihr verwischt.

VI.

Reim.

Was sich zu suchen bestimmt und zu finden im Reich der Gedanken,
  Leise dem ahnenden Sinn möcht' es die Sprache vertraun;
Heimlich winken die Laute sich zu, mit verstohlener Sehnsucht,
  Aber der Dichter allein merkt's und erweckt den Accord.

VII.

Reim und Assonanz.

Wenn vieltönig im Reim sich die Zeilen des Liedes verschlingen,
  Schließt anlautender Klang fest der Romanze Geweb.
Jenes ergötzt wie ein Strauß buntwechselnder Blumen, es fesselt
  Dies wie ein Kranz einfarb glühender Nelken den Sinn.

VIII.

Dichter begehrst du zu sein? Du verwechselst Talent und
Bedürfniß.
Bist du Prometheus schon, weil dich das Feuer erwärmt?

IX.

Weil in den Lauf des Gedichts du stets Zufälliges aufnimmst,
Wie sich's im Leben begiebt, rühmst du dich wahrer zu sein?
Ei, so rühme den Maler doch auch, der, weil du am Zahnweh
Jüngsthin littest, getreu mit der Geschwulst dich gemalt.

X.

Wahrheit, lastendes Wort! Wer wagt zu verkünden: hier
ist sie,
Wenn ihm die Brust nicht ein Gott unwiderstehlich bewegt!
Doch wahrhaftig zu sein ist menschliche Tugend und scheidet
Ewig den edleren Geist von der gemeinen Natur.

XI.

Wahrheit, kannst du sie fassen mit sterblichen Sinnen, und wird sie
Nicht durch des Auges Natur schon, das sie schauet, getrübt?
Freilich, aber nur so, wie des Urlichts schimmernde Reinheit
Durch den verschleiernden Duft prächtig in Farben erblüht.

XII.

Was doch heißt Ideal, als das Wirkliche, das sich zur Wahrheit
Aus des Künstlers Gemüth wiedergeboren erhöht?
Was zufällig allein, gohr aus; doch es blieb das Besondre,
Wie sich der Traube Natur stets noch im Wein dir verräth.

XIII.

Wahrheit setzt sich zum Ziele die Kunst, nicht sinnliche Täuschung,
Ja, sie vernichtet sich selbst, wo sie zu täuschen versucht;
Leben athmet des Künstlers Gebild im glänzenden Marmor,
Gieb ihm Farben, und todt starrt es als Leiche dich an.

XIV.

„Nur das Stoffliche gilt in der Zeit. Wer mag zum Gesang da
Trieb noch finden?" — Nicht du, der du so zweiflerisch fragst;
Doch zwiefach der Poet, auf daß von den himmlischen Gütern,
Deren die Menge vergaß, irgend ein Zeugniß doch sei.

XV.

Wo die Kritik aufhört und der Schauer beginnt, ist ein Grenzstein
Aufgerichtet; Talent scheiden sich hier und Genie.

XVI.

Das ist des Lyrikers Kunst, aussprechen was allen gemein ist,
Wie er's im tiefsten Gemüth neu und besonders erschuf:
Oder dem Eigensten auch solch allverständlich Gepräge
Leihn, daß jeglicher drin staunend sich selber erkennt.

XVII.

Unübersetzbar dünkt mich das Lyrische. Ist doch der Ausdruck
Hier von des Dichters Geblüt bis in das Kleinste getränkt.
Auch in verwandelter Form noch wirken Bericht und Gedanke,
Doch die Empfindung schwebt einzig im eigensten Wort.

XVIII.

Wechselnd färbt, wie der Stral des Gefühls, sich des Lyrikers
Ausdruck,
Aber des Epikers Stil fließe wie reiner Krystall;
Klar sei jede Gestalt, und unsichtbar wie das Licht nur
Ueber dem Ganzen dahin schwebe des Dichters Gemüth.

XIX.

Einem Erzähler.

Zeigst du dich selber bewegt, so bewegst du die Menge; sie
weint dir
Leicht, wenn du, Thränen im Blick, Trauergeschichten
erzählst;
Aber ein Höheres ist's, mit keuscher Verhüllung des Antheils
Ruhig ein Werk aufbaun, das durch sich selber ergreift.

XX.

Zur Nibelungenfrage.

Zweifelt, so viel euch beliebt, und erwägt philologische Gründe,
Aber dem Dichter erscheint mindestens Eines verbürgt:
Wer den Gesang anhub mit dem Falken im Traume der Chriemhild,
War auch den Tod Siegfrieds schon zu verkünden gewillt.

XXI.

In der Geschichte verschwinden dir oft die Fäden des Schicksals,
Aber des Volkes Gemüth stellt in der Sage sie her.

XXII.

Als ein Vergangnes erzählt dir der Vorzeit Sage das Epos,
Aber ein werdendes Loos zeigt der Dramatiker dir.
Weit dort streckt sich der Raum, bunt wechseln die Helden, und sichtbar
Tritt aus dem hohen Gewölk waltend die ewige Macht,
Während du hier aus der menschlichen Brust ureigensten Tiefen
Jegliche That aufblühn siehst in ein einig Geschick.

XXIII.

Episch dichtet das Volk im Unschuldstande. Das Drama
  Wächst als Frucht der Cultur, die mit sich selbst sich entzweit
Und sich zu sühnen versucht, indem sie den irdischen Zwiespalt
Als die vergängliche Form ew'ger Gedanken enthüllt.

XXIV.

An den Grenzen der Menschennatur hinwandelt die Muse,
Wo die unendliche Macht an das Vergängliche rührt;
Aber sie findet die Brücke gestürzt, da wölbt sie der Iris
Glänzenden Pfad und entführt rettend das ewige Theil.

XXV.

Nicht im Sieg der Idee ruht einzig die tragische Sühnung,
  Auch die erhabene Form bändigt verklärend das Weh;
Nimm der Antigone nur und dem Oedipus ihren Kothurn-
  gang,
Und sie erhöhn nicht mehr, nein, sie zerreißen das Herz.

XXVI.
Othello.

An bramatischer Kunst und Gewalt, was gleicht dem Othello?
 Aber er lastet wie Blei auf dem zermalmten Gemüth;
Naht in Gigantengestalt das Geschick, so erhebt es uns schaubernd;
 Doch es erdrückt uns, scheint's kleinlicher Bosheit Triumph.

XXVII.
Shakspeare.

Keiner erkannte den Menschen wie du, glorwürdiger Brite,
 Aber ein Höheres noch, Meister, verehr' ich an dir:
Daß du in sterblicher Brust stets klar die geheiligte Satzung
 Trugst, nach welcher der Welt Lenker die Dinge regiert.

XXVIII.
Kaufmann von Venedig.

Wie das geschriebene Recht vor dem göttlichen endlich ver-
gehn muß,
 Und den gesetzlichen Fluch himmlisch die Gnade bezwingt;
Was kein andrer so tief in der höchsten Tragödie aussprach,
 Hast du, Gewaltiger, hier lächelnden Mundes gesagt.

XXIX.

Schiller.

Jugendlich schwärmt' ich für dich; dann ward ich lange dir untreu,
Weil ich am lichten Gestirn schwärzer die Flecken empfand.
Doch längst kehrt' ich zurück; die Gebrechen der einzelnen Werke
Deckt mir die Hoheit zu deiner gesammten Natur.

XXX.

Goethe und Schiller.

Schön ist's, wenn das Gedicht uns reizvoll in sich hineinzieht,
Daß der bezauberte Sinn drüber des Dichters vergißt;
Aber den Pulsschlag auch der begeisterten Brust zu empfinden,
Welcher im Werk durchbebt, ist ein erhabner Genuß.

XXXI.

Wirken will der Poet, wie der Redner. Aber das Höchste
Bleibt ihm die Schönheit doch, die er zu bilden sich sehnt.
Jener behält den Erfolg im Blick stets, dieser erreicht ihn,
Wenn er ihn über dem Drang seligen Schaffens vergißt.

XXXII.

Witz ist ein schelmischer Pfaff, der keck zu täuschendem Ehbund
 Zwei Gedanken, die nie früher sich kannten, vermählt;
Aber der nächste Moment schon zeigt dir im Haber die Gatten,
 Und vor dem schreienden Zwist stehst du betroffen und —
       lachst.

XXXIII.

Mit feinlächelndem Mund eingehend auf deine Verkehrtheit
 Zeigt der Ironiker dir schlagend, wie sehr du geirrt.
Gründlich beweist er der Welt, schön sei dein häßliches Antlitz,
 Aber indem er es thut, hält er den Spiegel dir vor.

XXXIV.

Sittlich sei der Poet, kein Sittenprediger. Lehren
 Soll er, allein nur so, wie die Geschichte belehrt;
Hat er ein ewig Gesetz in geschlossenem Bild euch entfaltet,
 Sei ihm die trockne Moral drunter zu schreiben erspart.

XXXV.

Sprecht von Poeten mir nicht, die stumm im Gemüth der Begeistrung
Feuer genährt, doch nie Worte verliehn dem Gefühl.
Neben der Kraft wohnt stets allmächtig der Trieb, sie zu brauchen;
Wer freiwillig den Flug meidet, ist nimmer ein Aar.

XXXVI.

Architektur und Musik, euch beide begrüß' ich als Schwestern,
Die ihr die zwingende Kraft ewiger Maße bewährt.
Was dort sichtbar im Raum als Verhältniß das Auge bezaubert,
Bannt hier wogenden Klangs in der Bewegung das Ohr.

XXXVII.

Warum glückt es dir nie, Musik mit Worten zu schildern?
Weil sie, ein rein Element, Bild und Gedanken verschmäht.
Selbst das Gefühl ist nur wie ein sanft durchscheinender Flußgrund,
Drauf ihr klingender Strom schwellend und sinkend entrollt.

XXXVIII.

Moderne Oper.

Löwin und Aar, Poesie und Musik, wenn sie je sich in Inbrunst
    Gatteten, herrlich als Greif schwänge die Oper sich auf;
Aber der zeugenden Kraft, der lebend'gen, bedürft' es von
    beiden;
Chemischem Experiment glückt ein Gryphunculus nur.

XXXIX.

Lauf der Welt.

Mancher erkämpft ein Gebiet, doch nimmer gelangt er zur
    Herrschaft,
Auf dem eroberten Grund sinkt er verblutend dahin.
Ach, und die mühlos dann den Besitz antreten als Erben,
Gönnen den Lorbeerkranz kaum dem gefallenen Mann.

XL.

Früh vom Meister befreit sich der Genius. Tief in der Seele
Trägt er das Maß, und allein sucht er sich Gränzen und Ziel.
Doch manch redlich Talent, das zuchtlos schweifend verkäme,
Wird in der Schule gedeihn, wo es Beschränkung erlernt.

XLI.

Wähle zum Lehrer dir nicht den Autodidakten, er weist dir
Stets den geschlängelten Pfad, welchen er selber gewallt;
Auch den Genius nicht, sein Weg führt über den Abgrund,
Wo sein Flügel ihn trug, meint er, da müssest du gehn.

XLII.

Wenn du zum Thurm aufklimmst auf gewundener Staffel, erscheint dir
Oefters das nämliche Bild, doch es erweitert sich stets.
So auch kommst du zumeist, aufstrebend im Reich der Erkenntniß,
Auf ein Bekanntes zurück, aber du schaust es erhöht.

XLIII.
Zur Abwehr.

Unabhängig im Strom mein sittliches Selbst zu bewahren
Streb' ich, doch legt mir nicht auf, Sklave der Freiheit zu sein.

XLIV.

Daran magst du den Menschen in dir und den Künstler erproben,
    Wie dich des Freundes Erfolg, der dich verdunkelt, berührt.
Kannst du dich seiner erfreun, und neidlos weichen dem Höhern,
    Dann nur bist du es selbst werth, daß die Muse dich grüßt.

XLV.

Sprich von Reue mir nicht, wenn du nichts empfindest als Unmuth
    Ueber die Folgen der Schuld oder als Furcht des Gerichts.
Wirkliche Reu' ist verwandelnde Glut; nur weil du ein Andrer
    Wurdest, sobald du sie fühlst, hat sie zu sühnen Gewalt.

XLVI.

Das Geheimniß der Sprache.

Wenn ein unendlich Gefühl aufwogt in der Seele des Dichters,
    Wenn ihm ein neuer Gehalt dämmernd den Busen bewegt,
Nimmer findet er Rast, es beklemmt ihn die gährende Fülle,
    Bis sie, gestaltet, zuletzt klar im Gesang sich ergießt.

Ach, wie wächst ihm das Herz, wenn er dann, ergriffen vom Hauche,
Der auf der Sprachflut webt, nennend das Dunkle bezwingt,
Und beim vollen Gefühl ureigenen Schaffens und Bildens
Dennoch das schauernde Glück höchster Empfängniß genießt!
Fuhr wie ein Blitz ihm das Wort aus der Brust? kaum weiß er's zu scheiden,
Hat es erlösend ein Gott ihm auf die Lippe gelegt?
Doch nun steht es geprägt, ihm selbst und allen verständlich,
Und fast staunt er bestürzt fremd wie ein Wunder es an. —
O dann mag er es ahnen von fern, das Geheimniß der Sprache,
Wie in der Zeiten Beginn aus dem erwachenden Geist,
Da er sich selbst und die Dinge vernahm, das lebendige Wort sprang,
Offenbarung und That, göttlich und menschlich zugleich.

XLVII.

Als aus Eden verbannt untröstlich Eva sich härmte,
Schenkte der Herr ihr das Kind, daß sie der Thränen vergaß.

XLVIII.

Menschen, willst du sie lieben, so mußt du zuvor sie erkennen,
Gott erkennest du nur, Suchender, wenn du ihn liebst.

XLIX.

Strecke die Hand nur empor im Gebet! Gott faßt sie von oben,
Und die Berührung durchströmt dich mit geheiligter Kraft.

L.

Oft, wie der Goldfrucht Ball, frühzeitig gebrochen, im Schiff erst
Ausreift, wird dir das Glück erst als Erinnerung süß.

Judas Ischarioth.

Er ist es! Jede Stunde lehrt: er ist's!
Die Flut gehorcht ihm, und der Feigenbaum
Verdorrt auf sein Gebot. Kein Geist der Plage,
Des Siechthums ist, den er nicht bändigte;
Die Stummen reden und die Lahmen wandeln,
Aus ihren Gräbern stehn die Todten auf,
Und gehn hervor im Schweißtuch. Das verbürgt
Ihn als Propheten. Aber hätt' er auch
Von diesen Wundern keins gethan und wäre
Das ganze Land nicht seiner Zeichen voll,
Vom todten Meere bis an Zions Burg:
Wenn er mich anblickt, und aus seinem Auge
Der stille Glanz der Ewigkeit mich trifft,
Wenn ich ihn reden höre, und sein Wort
Voll schlichter Klarheit, jedem Kind verständlich,
Und tief doch, wie des Himmels tiefster Abgrund,
Die Vesten meines Wesens schüttern macht,
Fast wie Posaunenschall — das ist's, woran
Ich dennoch spüren müßte: Hier ist mehr
Denn Moses und Elias und der Täufer,
Hier ist der Eine, der verheißen ward.

Er ist's. Und doch, schau' ich in mich hinein:
Wie starr und düster alles, und kein Ton,
Der auf die Freudenbotschaft Antwort giebt!
Warum denn stürmt nicht ohne Rückhalt ihm
Dies Herz entgegen, warum jauchzt es nicht
In lichten Psalmen auf, und schmilzt nicht hin
Am Stral des Heiles, wie ein eis'ger Born,
Der rauschend in lebend'ge Flut zergeht?
Warum auch jetzt noch, da mich seine Kraft
Für Augenblicke schauernd angerührt,
Dampft trüber Zweifel, wie ein Nebel, wieder
Im Geist empor mir, und wenn Zweifel nicht,
Doch stete Lust, zu zweifeln? Was empört
In diesen Gliedern, die doch Jüda's Samen,
Sich trotzig wider seine Göttlichkeit;
Und bäumt zurück vor seinem Liebesjoch
Gleich wie ein störrisch Roß, und sähe lieber
Das große Werk der Gnaden ungeschehn,
Als so geschehn? — Ich hab' es oft durchgrübelt,
Doch all mein Grübeln frommt und ändert nichts.

Als Knabe hatt' ich Stunden, ahnungsreich
Und wie voll Weissagung; dem Jüngling wurden
Sie Kern des Lebens bald. — Sah ich den Römer
Mit ehrnem Fuße schreiten durch dies Land,

Gebietrisch trotzend, wo das Heiligthum
Des Höchsten ragt und in geweihten Grüften
Der Staub der Väter schläft: da wandte sich
Von jachem Weh durchzuckt mein Eingeweid,
Und jeder Tropfen Bluts in mir ward Zorn.
Hinaus in's Felsgebirge trieb es mich,
Und unterm Sternenhimmel, beim Geseufz
Des Nachtwinds in den dürren Disteln, flammte
Mein brünstig Beten Fluch um Fluch herab
Auf der Bedrücker Haupt, und schrie empor
Um den Messias, daß er uns erlöste
Aus solcher Schmach. — Und wenn ich heimgekehrt,
Erschöpft vom Eifern, mich auf's Lager warf,
Da füllten seltne Bilder mir den Schlaf,
Und meiner Seele grimme Sehnsucht trat
In körperlosen Schatten vor mich hin:
Auf Bergeszinnen einsam fand ich mich,
Und eine Hand aus Wolken reichte mir
Ein schneidig Schwert, und da ich's umgegürtet,
Durchfloß mich eine Kraft wie Feuerwein.
Im Sturme trug des Traumes Geist mich dann,
Und hoch zu Roß durch Schlachten ging es hin,
Durch blanke Speere, Leichen, Wagentrümmer,
Durch Blut und Staub — die Römeradler sanken
Wie scheue Tauben vor dem Wetterschlag:

Weit, weit in's Unermeßne stob die Flucht,
Und fern im Untergang stieg eine Röthe
Von Flammen auf, und ward zum Feuermeer
Von Pol zu Pol, und in der Glut verging
Die Stadt des Gräuls und aller Heiden Trotz.

Und wieder dann im Purpur sah ich mich,
Das dunkle Scheitelhaar von Salböl triefend,
Auf goldnem Stuhle; Harfen hört' ich rauschen,
Und alle Gipfel überprangend stand
Jehovahs Tempel, denn des Erdrunds Fürsten
Knieten umher und huldigten dem Herrn,
Der sie durch meinen Arm gebeugt — und mir.

So träumt' ich oft, und dacht' an Josephs Traum
Wenn ich erwacht'. Und all mein Leben ward
Ein durstig Harren, dem das Gegenwärt'ge
Nur Morgendämmrung großer Zukunft schien.
Die Schriften der Propheten wühlt' ich durch
Bei tiefer Nacht, und sog aus dunklen Worten
Mir Wachsthum jener Ahnung, die mein Mund
Nicht kund zu geben wagte, mit Gebeten
Den Himmel stürmend um Bestätigung.
Doch Wochen, Monde, Jahre rollten hin,

Eintön'gen Schwungs, und Heute war wie Gestern,
Und nichts geschah.

    Da plötzlich an mein Ohr
Erging ein dumpf Gerücht, das schüchtern erst,
Wie Windesodem durch den Pappelwald,
Durch's Volk dahinlief, doch im Weiterwandeln
Anwuchs und tausendstimmig Brausen ward.
Der Heiland, hieß es, der Erwartete,
Der Leu vom Stamme Juda sei gekommen,
Und sühnen werd' er seines Volkes Schmach.
Und wundervolle Mähren gingen um
Vom Stern, der über Bethlehem geleuchtet,
Da er geboren ward; ergraute Hirten
Entsannen sich, daß sie in jener Nacht
Auf dunkler Feldwacht Engelsgruß vernahmen,
Und daß sie dann mit fremden Königen
Vor einem Kind gekniet, von dessen Lächeln
Ihr trüber Sinn licht wie der Himmel ward.
Und wie die Greis' erzählten, glänzten ihnen
Die faltigen Stirnen, gleich als flösse drum
Der einst geschauten Glorie Widerschein,
Und ihre Reden tönten wie Musik.

Das alles traf den Geist mir, wie ein Blitz
In's Wasser schlägt und seine Tiefen aufrührt,

Und was auf meines Wesens letztem Grund
Bedeckt von der Alltäglichkeit geruht,
Kam wild vermischt nach oben: brünst'ge Sehnsucht
Nach Heil für mich und für mein duldend Volk,
Ehrgeiz'ger Wunsch, getäuschten Stolzes Grimm,
Gedankenunrast, welche nur mit Qual
Den Zweifel trug und doch die Klarheit scheute;
Und halb voll Hoffnung, halb voll Furcht: er sei's,
Ging ich zum Jordan.

      Wunderbare Stunde,
Die noch in der Erinnrung mein Gemüth
Durchbebt mit Schauern, und den Felsenkern
Der Männerseele mir in weibisch Heimweh
Dahin zu thauen droht — mir wär' es besser
Vielleicht, ich hätte nimmer dich gesehn,
Als daß du kamst und gingst, und all mein Leben
Seitdem zum ungelösten Zwiespalt ward!

Auf einen König hatt' ich mich bereitet,
Auf einen Helden, der wie Saul das Volk
Weit überragt' um eines Hauptes Länge,
Auf einen Hohenpriester und Propheten,
Deß Wort, in flammend Feuer eingetaucht,
Die Seelen zündete zum heil'gen Krieg —

Und nun, wie anders war er! — Demuth ganz,
Holdsel'ge Sanftmuth — statt das Schwert zu zücken,
Die Arme breitend, gleich als wollt' er drin
Die Welt umfangen; all sein Feldgeschrei
Ein Wort von Lieb' und Frieden, sonder Zeichen
Der königlichen Hoffnung sein Gewand —
Und dennoch glänzt' auf seiner klaren Stirn
Göttlichen Ursprungs Stempel, dennoch lag
In seinem Aug' ein unergründlich Etwas,
Daß ich davor die Wimper niederschlug,
Als schaut' ich in die Sonn'.

       Und als ich nun
Verwirrt, betroffen, mit mir selbst im Streit,
Mich stehlen wollte durch des Volks Gewühl,
Wie ein verletzter Hirsch das Dickicht suchend:
Da wandt' er plötzlich auf mich her sein Antlitz,
Und Halt gebietend mir mit einem Blick,
Von dem ich spürte, daß mein Innerstes
Ihm wie Krystall war, sprach er freundlich: Komm!
Ich weiß, wonach dich lüstet. Folge mir!

Ich folgt' ihm. Und für Stunden ward mir's nun,
Ich sei verwandelt. In mein rastlos Stürmen
Kam eine Stille, die, wie süßer Schlaf

Des Kranken Fieber, mein erhitzt Gemüth
Besänftigte; mein Wandel und Gebet
Ward anders, denn zuvor; und Thränen weint' ich,
Wie ich als Kind sie weinte, sonder Zorn.
Und horcht' ich dann, gelagert bei den Andern,
Dem Worte, das von seinen Lippen ging,
Da ward mir oft zu Sinn, als wandert' ich
In einem dunkeln unterird'schen Gang,
Und sähe fern am äußersten Gewölb
Den Stral des Tages fließen, und mich faßte
Ein weich Verlangen nach dem Licht hinauf.

Doch Stunden waren's nur, und all ihr Glanz
Und Glück war Traum. Mein Geist, auf Augenblicke
In Bilder sanften Friedens eingelullt,
Fuhr auf aus müß'ger Schwachheit, und verlangte
Nach Größerem. — An seiner Wunderkraft
Nicht konnt' ich zweifeln, doch was frommte sie,
Wenn er sie rosten ließ, wie in der Scheide
Die Klinge rostet? Thaten wollt' ich sehn,
Zerbrochen Zions Joch, gerächt die Qual,
Die wir erduldet, wieder hergestellt
Der auserwählten Stämme Königreich,
Ihn selbst gekrönt, und ihm zur Seite mich.
Er aber zog durch's Land, und predigte,

Und heilte Kranke, statt mit Kriegsgeschwadern,
Mit Fischern, Zöllnern, Sündern sich umgebend,
Vergab verbuhlten Dirnen, schwatzt' am Brunnen
Mit fremden Weibern, ja und hieß dem Kaiser
Den Zins uns geben, der des Kaisers sei,
Indeß sein trotz'ger Lictor täglich doch
Für Juda's Rücken frische Ruthen band. —
Und als ich endlich, in der düstern Brust
Den ungeduld'gen Groll nicht länger zügelnd,
Auf eines Berges Gipfel zu ihm trat,
Und an sein Amt ihn mahnt', und ihm das Land
Verheißend wies, das seines Fürsten harrte,
Wie's vor uns lag mit seinen Seen und Städten
Und Cedernhöhn in Abendglut getaucht,
Da fuhr's aus seinem Aug' in meine Seele
Wie zornig Wetterleuchten, und sein Ruf
Ging bräuend in mein Ohr: Hinweg, Versucher!
Kommst du noch einmal? Hebe dich hinweg!

Seit jenem Tag steht etwas zwischen uns,
Wie eine Mauer. Fremd ist mir sein Thun
Und unbegreiflich all sein Will' und Weg.
Wohl pocht bisweilen seine Rede noch,
Sein Blick an's Herz mir, daß die Angeln schüttern
Wie vormals, wenn er heischte: Laß mich ein! —

Doch machtlos sprengt er nicht die Riegel mehr.
Und wenn mein Fuß ihm folgt, und wenn mein Leib
Ihm noch gehorsamt, ist's Gewohnheit nur;
Denn kaum, daß ich, was er gebot, vollführt,
So schnellt mein Geist, wie ein gekrümmter Bogen,
In seinen Stolz zurück, und Eines nur
Empfind' ich noch, daß wir geschieden sind.

Nun hör' ich wundersame Stimmen oft,
Die aus dem Boden gehn, im Winde schwimmen,
Im Abendnebel flüstern an mein Ohr.
Und wie ich ihnen lausche, wächst in mir,
Gleich Winterzacken unterm Tropfenfall,
Ein tödtliches Gefühl empor, wie Haß;
Und ein Gedanke, den ich, seit er einmal
Sprang aus der Dämmrung und Gestalt gewann,
Nicht mehr in's Nichts zurückzubannen weiß,
Heißt burch ein unerhörtes Wagniß mich
Das angefangne Werk nach meinem Sinn
In's Gleis zu rücken, oder — fügt sich's nicht —
Es zu zerbrechen, und auf seinen Trümmern
Erhobnen Haupts den eignen Weg zu gehn.
Woher dies Trachten stammt, wohin's mich führt,
Kaum mag ich's fragen. Ist's ein ewig Schicksal,
Das mich dahinreißt? Ist's ein Theil des Fluchs,

Den Adam fallend seinem Stamm vererbt?
Ist es der Sinn, dadurch der Engel reinster
Von seiner Stirn das Diadem verlor,
Und Satan ward? — Ich weiß es nicht zu nennen,
Noch auch zu bänd'gen. Geh's denn seinen Gang!

Balladen und Erzählungen.

Des Deutschritters Ave.

„Herr Ott vom Bühl, nun drängt die Noth,
Nun zeigt, wie treu ihr's meint!
Das Feld ist roth und die Brüder sind todt,
Und hinter uns rasselt der Feind.

„Wohl klag' ich manch gebrochnen Speer,
Manch Wappenschild zerspalten;
Doch schmerzt's um den heiligen Kelch mich noch mehr
In meines Mantels Falten.

„Im Schlachtfeld tranken wir alle daraus,
Zu sühnen uns mit Gott;
Soll nun beim wüsten Siegesschmaus
Der Heid' ihn schwingen zum Spott?

„Herr Ott, und fühlt ihr euch stark und jung,
Noch einmal wendet das Roß,
Versucht mit scharfem Schwertesschwung
Noch einmal zu hemmen den Troß.

Und haltet ihr nur so lang' ihn auf,
Als ihr ein Ave sagt,
So rettet meines Hengstes Lauf
Den Kelch, um den ihr's wagt."

Herrn Otts Besinnen war nicht groß,
Sprach: Ja, und weiter nichts;
Des Meisters Roß von dannen schoß
Im Strahl des Mondenlichts.

Und als das Kreuz auf dem Mantel weiß
Nicht mehr zu kennen war,
Da sauste schon auf Gäulen heiß
Heran der Lithauer Schaar;

Und als der Mantel fern im Schwung
Nur schien wie ein fliegender Schwan,
Da fielen sie den Ritter jung
Mit grimmigen Streichen an.

Die krummen Schwerter blinkten frei,
Es rasselten dumpf die Keulen,
Dazwischen ging ihr Kampfgeschrei
Wie hungriger Wölfe Heulen.

Herr Ott vom Bühl sprach: Ave Marie,
Und führt' einen Hieb, der traf;
Der Häuptling flog vom Sattel auf's Knie
Mit durchgespalt'nem Schlaf.

Das zweite Wort der Held dann sprach,
Und hieb noch kräftiger schier;
Der Bannerträger zusammenbrach,
Und über ihn fiel das Panier.

Und Wort um Wort, und Streich um Streich,
Das war ein tapfer Gebet:
Bei jedem Spruch lag alsogleich
Eine Heide dahingemäht.

Und es klaffte dem Ritter das Stahlhemd weit,
Und es färbten die Ringe sich roth,
Der aber ward nicht laß im Streit,
Und jeder Schlag war Tod.

Und es barst sein Schild, und es sank sein Pferd,
Da kämpft' er fort zu Fuß;
Mit beiden Händen schwang er das Schwert,
Und betete weiter den Gruß.

Doch als zu Ende das Ave ging,
Er führte noch Einen Streich,
Und in gethürmter Leichen Ring
Hinsank er blutig und bleich.

Sein Mund ward stumm, sein Arm ward schwer,
Im Tode stand sein Herz;
Nicht: Amen konnt' er sprechen mehr,
Das war sein letzter Schmerz.

Doch die Lithauer warfen die Renner herum,
Kein Streit mehr lüstete sie.
Gerettet war das Heiligthum
Durch des Ritters: Ave Marie.

Gott geb' ihm droben selige Statt
Auf's tosende Schlachtgetümmel!
Wer so auf Erden gebetet hat,
Mag Amen sagen im Himmel.

Die Windsbraut.

Nun ist der Frühling kommen in's Land,
So wonnig geht sein Hauch;
Es schlägt die junge Nachtigall
Im blühenden Fliederstrauch.

Sie schlägt so süß, sie singt so trüb
Von großer Liebesmacht;
Am Spiegel steht das Burgfräulein,
Und strählt ihr Haar und lacht.

Da tritt ihr Bruder dar zu ihr:
„O Schwester Kunigund,
Verzeih dir Gott das Lachen
Von deinem rothen Mund!

Verzeih dir Gott dein arges Spiel
Und deinen harten Sinn!
Wer hat dich solche Kunst gelehrt
Du stolze Zauberin?

„Du fängst mir Ritter und Edelknecht
Mit deiner Augen Schein;
Du singst ihr Herz in Liebesglut,
Und deins bleibt kalt wie Stein.

„O Schwester, wer mit Flammen spielt,
Der lösch' auch, wo es brennt;
Dein Locken und dein Höhnen,
Das nimmt kein gutes End."

Das Fräulein schüttelt ihr goldnes Haar:
„Du sprichst nicht nach Gebühr.
Und glänzt mein Aug', und blüht mein Mund,
Sag' an, kann ich dafür?

„Was schiert mich all die Liebesglut,
Von Ritter und Edelknecht!
Laß sie verderben und sterben!
Sie sind mir viel zu schlecht.

„Laß sie verderben und sterben!
Eh' sie mich lehren frein,
Der Wind, der Wind, das Königskind,
Soll eh' mein Buhle sein."

Zu Nacht das Fräulein schlief im Saal;
Sie hatt' einen schweren Traum.
Ihr war's, sie flög' ein Vogel
Im bodenlosen Raum.

Sie flog und hatte nicht Rast, es ging
Ein Sausen hinterher;
Hoch über ihr die leere Luft
Und unter ihr das Meer.

Und plötzlich ward es todtenstill,
Ihr Flügel war wie Blei:
Hinunter stürzt sie jählings —
Da wacht sie auf im Schrei.

Da horch, was klirrt und klingt im Saal?
Die Fenster springen auf —
So wie das Sausen dort im Traum,
So fließt's an ihr herauf.

Des Lagers Decken lüften sich,
Sie weiß nicht, wie's geschehn;
Ihr faltig Nachtkleid flattert,
Ihre goldnen Locken wehn.

Es küßt sie was so kühle,
Daß ihr das Blut gerinnt;
Es kommt ein langer luft'ger Arm,
Und hebt sie auf geschwind.

„Hinaus, hinaus, Feinslieb, und fort
Im weißen Mondenschein!
Und ist dein Fuß gleich unbeschuht,
Es geht zum Hochzeitsreihn.

„Ich bin der Wind, das Königskind,
Du überstolzes Blut;
Die Wälder neigen sich unter mir,
Und mir gehorcht die Flut."

Und über die Wälder trägt er fort,
Und über das Meer sein Lieb,
Mit Saus und Braus und Pfeifenklang —
Weiß keiner, wo sie blieb.

Die Türkenkugel.

Auf der Höh' am Felsenkirchlein,
Rings vom Türkenheer umschlossen,
Liegt ein Häuflein tapfrer Griechen
Von des Bozzaris Genossen.

Achtmal hat die Schaar dort oben
Schon begrüßt den Strahl der Sonnen;
Achtmal schon ergrimmten Muthes
Hat der Feind den Sturm begonnen.

Doch vergeblich in den Schluchten
Häuft' er Todte nur zu Todten,
Denn der Fels ist schroff, und sicher
Trifft das Blei der Sulioten.

Drum von fern aus Feuerschlünden
Will er nun Verderben senden;
Kugeln über Kugeln wirft er
Nach den steilen Felsenwänden.

Aber mag sein glühend Eisen
Seltnes Opfer nur erreichen:
Schon beginnt ein andrer Würger
Droben durch die Schaar zu schleichen.

Grauser als von Feindeswaffen
Ist der Tod von Durstesqualen;
Keinen Brunnen hat der Felsen,
Und geleert sind Schläuch' und Schalen.

Und der Himmel blau und ehern
Schaut herab mit Feueraugen;
Ach, nicht reicht's, daß von den Halmen
Sie den Thau der Frühe saugen.

Bleich, mit hohlen Wangen, schwanken
Um das Kirchlein die Gestalten;
Kaum vermag der Arm, entkräftet,
Noch das lange Rohr zu halten.

Dorrend klebt die Zung' am Gaumen,
Fieberglut durchrast die Glieder;
In der Noth des neunten Abends
Werfen sie sich flehend nieder:

„Der du Mosis Stab gesegnet,
Daß er Wasser schuf dem Volke,
Der du auf Elias Rufen
Kamst in schatt'ger Regenwolke,

„Herr, erbarm, erbarm dich unser!
Sieh, wir sind wie trockne Scherben, —
Von des Feindes Schwert errettet,
Laß uns nicht im Durst verderben!"

Und noch hallt es: „Herr, erbarm dich!"
Da in rothgewölbtem Bogen
Aus dem Türkenlager sausend
Kommt ein Feuerball geflogen.

Dröhnend schlägt er in die Klippe,
Bohrt sich wühlend tief und tiefer, —
Horch, da zischt es leis', und silbern
Zuckt es auf im Felsgeschiefer:

Und es blinkt, und rinnt, und rieselt,
Und mit Brausen dann geschossen,
Well' auf Welle, kommt das Wasser,
Dem das Erz die Bahn erschlossen.

O wie lieblich rauscht der Sprudel
In das Ohr der Kriegsgefährten!
O wie schlürfen sie mit Wonnen
Von dem Naß, dem langentbehrten!

Aber dann zu frommem Danke
Siehst du sie die Hände falten:
„Sei gepriesen, Herr der Gnaden!
Wundervoll ist all dein Walten.

„Durch die Hand des grimmsten Feindes
Weißt du Trost und Heil zu geben;
Tod gedacht' er uns zu senden,
Doch du wandtest Tod in Leben!"

Der reiche Mann von Köln.

Zu Köln ein reicher Kaufherr saß,
Der hatt' ein Herz von Eisen;
Er lebte dahin in Saus und Braus,
Und drückte Wittwen und Waisen.

Er zählte sein Silber und wog sein Gold
Und lachte dazu im Stillen;
Der Richter bog um Gunst und Geld
Das Recht nach seinem Willen.

Da war ein Mägblein in der Stadt,
Ein Kind von jungen Jahren,
Er trieb es fort von Haus und Hof
Mit grimmigem Gebahren.

Und als der Schnee im Winter fiel,
Und ging der Rhein mit Eise,
Ihn jammerte nicht des Kindes Noth,
Das hatte nicht Kleid noch Speise.

Und als der Frühling kam in's Land,
Die Vöglein sangen mit Schalle:
Sie fanden das Mägdlein Morgens todt
Auf einer Streu im Stalle.

Sie trugen es fort und gruben es ein
Am Friedhof auf der Wiese;
Die Seele ging in Sankt Michaels Schooß
Hinauf zum Paradiese.

Den Tag darnach der Kaufmann ritt
Wohl lachend daher im Trabe,
Da standen drei Lilien weiß wie Schnee,
Gewachsen auf dem Grabe;

Da standen drei Lilien weiß wie Schnee,
Im Winde die Blumen gingen;
Ein Vöglein schwang vom Hügel sich auf,
Im Flug hub's an zu singen:

„Herr Marx von Köln, Herr Marx von Köln,
Wie bleich ist dein Gesichte!
Du bist ein Mörder, Herr Marx von Köln,
Ich lade dich zu Gerichte."

Dem Kaufherrn wohl das Lachen verging,
Sein Muth war all verloren;
Er wandte sein Roß und jagte nach Haus,
Vom Blute troffen die Sporen.

Er mochte nicht nehmen Speise noch Trank
Vor ängstlichen Gedanken;
Wohin er schaut' in Saal und Hof,
Drei Lilien sah er schwanken.

Und als er Nachts auf den Kissen lag,
Keinen Schlaf konnt' er erzwingen;
Sobald ihm fielen die Augen zu,
Hört' er das Vöglein singen.

„Ach helft mir, helft mir, lieber Arzt!
Ich will's euch neunfach zahlen,
Mir brennt's im Herzen wie höllisch Feu'r;
Helft mir von diesen Qualen!"

Wohl ging der Arzt, mit Sorg' und Fleiß
Manch bittern Trank zu mischen;
Es that nicht gut, es that nicht schlimm,
Das Vöglein sang dazwischen:

„Herr Marx von Köln, an deiner Sünd'
Wird alle Kunst zunichte!
Du bist ein Mörder, Herr Marx von Köln!
Ich lade dich zu Gerichte."

Und um die dritte Mitternacht
Ging an der Thür ein Klopfen;
Den Kranken trieb's vom Lager auf,
Ihm floß die Stirn von Tropfen.

Und als seine Hand den Riegel schob,
Sie flog vor Angst und Schmerze;
Und als die Thür in den Angeln ging,
Ein Zug blies aus die Kerze.

Der draußen stand, das war der Tod;
Er nahm Herrn Marx von Köllen,
Er setzt' ihn auf sein aschfarb Roß
Und fuhr mit ihm zur Höllen.

Am Waldsee.

Da draußen an der Halde,
Da singt ein Vöglein frei:
Jung Blut, geh' nicht zu Walde,
Im Walde wohnt die Fei.

Bei Tag im Grase funkelt
Ihr schuppiger Schlangenleib;
Doch wenn der Abend dunkelt,
Wird sie ein schönes Weib.

Sie sitzt in Mondscheinnächten
Am schwarzen See im Tann,
Und löst die langen Flechten,
Und lockt den Wandersmann.

Da blitzen ihr die Augen
Wie blauer Edelstein;
Ihre kalten Lippen saugen
Sein rothes Leben ein.

262

Es schallt wie Wonn' und Grausen
Ihr Lachen durch die Nacht,
Bis fern mit kühlem Sausen
Der Morgenwind erwacht.

Dann ächzt es in den Tannen,
Dann braust's im Wogenschlund;
Eine Schlange rauscht von dannen,
Eine Leiche liegt am Grund.

Herr Walther.

Herr Walther lag im Zauberthurm
In der Waldfrau schneeweißem Arm; —
Frau Mechthild klagte bei tiefer Nacht
Ihres Herzens bittern Harm.

Sie saß auf ihrem verwittweten Bett,
Und weinte Thränen wie Blut;
Zwei Monden war's, daß ihr Gemahl
Ihr nicht am Herzen geruht.

Und als der Morgen in's Fenster sah,
Vom Lager sprang sie empor,
Und als man im Münster die Frühmette sang,
Sie pocht' an des Bischofs Thor.

„Ach heiliger Bischof, nun rath und hilf,
Groß Unheil sag' ich dir an;
Die Waldfrau hat meines Gatten Herz
Verzaubert mit Spruch und mit Bann.

„Wohl lebten wir Monden drei und vier,
Und die Zeit ward nimmer uns lang;
Tags klang aus dem Wald herüber sein Horn,
Und es hüpfte mein Herz bei dem Klang.

„Und bei Nacht, wie blühte so roth sein Mund!
Und er küßte mich tausendmal.
Nun hält ihn bezwungen das teuflische Weib,
Und einsam verzehrt mich die Qual.

„Ach Bischof, heiliger Vater mein,
Und weißt du ein Sprüchlein nicht,
Das stark ist wider höllische Kunst
Und solchen Zauber zerbricht?"

Den weißen Bart der Bischof strich;
Er griff in den Busen hinein:
„Da nimm die Kapsel von rothem Gold
Mit des Märtyrers heil'gem Gebein!

„Und hältst du sie hoch in Sonn' und Wind,
Wenn von ferne die Glocken erschallen,
Und rufst dreimal seinen Namen dazu,
Der Zauber wird von ihm fallen."

Frau Mechthild schürzt' ihr langes Gewand,
Sie schritt in den Wald hinaus,
Und als auf den Wipfeln der Mittag lag,
Sie stand vor des Waldweibs Haus.

Da kam es gewogt durch die stille Luft,
Die Glocken klangen so tief;
Sie hielt die Kapsel in Sonn' und Wind,
Herrn Walthers Namen sie rief.

Sie rief ihn zum zweiten und drittenmal,
Vor Thränen vermochte sie's kaum;
Herr Walther lag in der Waldfrau Schooß,
Er hob die Stirn wie im Traum.

„Nun sage mir an, mein schneeweiß Lieb,
Sag' an, was soll es bedeuten?
Mir ist, als zöge mich was von hier,
Und Glocken hört' ich läuten.

„Mir ist, ich müßt' mich besinnen auf was,
Was süß und theuer mir war."
Da sah sie mit funkelnden Augen ihn an,
Und löst' ihr wallendes Haar.

„Sieh hin, sieh her, was willst du mehr?
Meine Locken sind güldene Schlangen.
Mein Leib ist weiß, und mein Mund ist heiß,
Du bist und bleibst gefangen."

Und sie küßt' ihn wild auf den lechzenden Mund,
Da vergingen die Sinnen ihm all;
Und als er zurück in den Schooß ihr sank,
Sie lachte mit lautem Schall.

Frau Mechthild hörte das Lachen wohl,
Ihr schnitt's wie ein Messer durch's Herz;
Unter den Lindenbaum sank sie dahin
Auf's Moos in tödtlichem Schmerz.

Sie wollte rufen und konnt' es nicht,
Ihr war die Brust so beklommen;
Sie rang und wand sich in stummer Qual,
Es war ihr Stündlein gekommen.

Und als die Sonne zu sinken kam,
Ein Knäblein lag ihr im Schooß,
Das schaute sie an mit Walthers Blick
Aus Augen blau und groß.

„O Kind, mein Kind, nun erbarme sich dein
Der Vater droben im Licht!
Mit Thränen wirst du getaufet sein,
Einen Vater hast du nicht.

Durch Wald und Wind, mein Waisenkind,
Komm, komm, nun trag' ich dich fort."
Da that der Knab' einen hellen Schrei,
Als wollt' er nimmer vom Ort.

Herr Walther lag in der Waldfrau Schooß,
Er hörte des Kindleins Schrei,
Da war's, als spräng' ihm in tiefster Brust
Ein tönend Glas entzwei;

Und rings zerging's wie ein weißer Dampf,
Und leicht ward Seel' und Leib.
„Laß los, Verfluchte, laß mich los!
Ich muß zu meinem Weib.

„Zu meinem Weib, das ich vergaß,
Zu meinem Fleisch und Blut —
O Gott im Himmel sei Preis und Dank!
Nun wird noch alles gut!"

Den Teppich zerriß er und sprang hinab
Die Stufen zu vier und vier.
„O du vergieb, mein treu, treu Lieb!
Nun scheid' ich nimmer von dir.

„Und grüß dich Gott, mein Knab, mein Kind,
Und segne dich tausendfach,
Und segne dir auch dein Stimmlein hell,
Das all den Zauber zerbrach!"

Die weiße Schlange.

Auf der Burg in reichgeschmückter Halle
Schweigsam brütend sitzt der greise Stojan,
Sitzt beim vollen Silberkrug und trinkt nicht,
Starrt empor zum Balkenwerk der Decke,
Das von güldnen Drachenköpfen funkelt;
Hell in's Fenster lacht die Spätherbstsonne,
Doch nicht mit ihr lacht die Seele Stojans;
Denn sie denkt Gedanken vor'ger Tage,
Denkt und sinnt, und weiß nicht froh zu werden.

Tritt zu ihm herein vom See der Fischer,
Neigt sich dreimal tief und spricht die Worte:
Grüß dich Gott, Herr Stojan, mein Gebieter!
Heute Nacht im See die Netze warf ich,
Doch nicht Aale fing ich drin, noch Karpfen,
Noch die Brut des blaugefloßten Hechtes,
Fing statt ihrer eine weiße Schlange,
Weiß an Kopf und Rücken, roth am Bauche.
Wer von solcher weißen Schlange isset,

Der vernimmt es, was die Thiere sprechen,
Auf dem Feld das Wild, im Laub die Vögel.
Auch der Wipfel Rede mag er deuten,
Wenn sie flüstern mit den grünen Zungen,
Und des Bachs Geschwätz, der Winde Sausen.
Giebst du dreißig Goldstück mir, Herr Stojan,
Will ich dir die weiße Schlange lassen.

Dreißig Goldstück giebt der Greis dem Fischer,
Schickt ihn heim und ruft den Koch zur Stelle,
Daß er ihm die Schlange zubereite;
Spricht dann zu sich selbst, und pfeift dazwischen:
Mag hinfort mich die Woiwodschaft meiden,
Die mir nicht zum Schmause kommt um Ostern,
Noch zum Zechgelag am Neujahrsabend;
Fortan lach' ich ihres Außenbleibens.
Reden werd' ich mit den Thieren draußen,
Daß sie die Gedanken mir verscheuchen
Und die Träume, die ich träum' im Wachen.

Als die Mittagsstunde nun geschlagen,
Bringt der Koch die Schlange wohlbereitet,
Grünumkränzt auf goldgebiegner Schüssel.
Munter setzt Herr Stojan sich zur Tafel,
Legt sich vor und ißt mit Wohlbehagen,

Ißt, und trinkt vom rothen Wein dazwischen,
Bis die Schüssel auf den Grund geleert ist.
Drauf vom Sessel springt er auf die Füße,
Schnallt sich um den Säbel mit Smaragden,
Heißt den Knecht sein türkisch Rothroß satteln,
Schwingt sich auf und reitet aus dem Hofe.

Bald im dichten Walde trabt Herr Stojan,
Wo der Weg zum schwarzen See hinabführt.
Laublos schon am Wege stehn die Bäume;
In den Wipfeln hört er da ein Schallen,
Das von Ast zu Aste weiterflüstert,
Bang und traurig, wie von Menschenstimmen,
Die ein dräuend Unheil sich verkünden.
Doch er achtet's kaum und reitet weiter.

Als er nun den schwarzen See erreicht hat,
Flattern über's Wasser her zwei Raben,
Alte Vögel beide, breitgeflügelt,
Ruhn dann krächzend aus auf einer Fichte.
Wohl vernimmt Herr Stojan, was sie krächzen,
Hält sein Rothroß an und lauscht zur Kurzweil.
Spricht der erste Rabe da zum zweiten:
Bruder, sprich, woher hast du den Goldreif,
Den ich gestern sah in deinem Schnabel,

Fein und blank, mit sieben rothen Steinen?
Wo doch hast du den gefunden? Sag' mir's!
Ihm erwidert drauf der andre Vogel:
Mährlein will ich dir erzählen, Bruder,
Von dem Goldreif wunderliche Mährlein.
Sind nun siebenundzwanzig Jahr und länger,
Daß ein Mägdlein hier im Walde wohnte,
Weiß und roth, mit langen schwarzen Zöpfen;
Trug sie nur ein Hemd von grobem Linnen,
Nur Sandalen an den weißen Füßen,
Trug sie doch ein Antlitz wie die Blumen.
Heller schien die Sonne, wenn sie lachte,
Wenn sie sang, so stand das Bächlein stille,
Grüner ward der Rasen, drauf sie tanzte.
Sieh, da kam des Wegs ein Herr geritten,
Reiherfedern an der Zobelmütze,
Gold sein Zaum, sein Säbel mit Smaragden.
Einmal kam er erst, dann kam er vielmals,
Sprach ihr zu und schwur ihr hundert Schwüre,
Steckt ihr an den Finger einen Goldreif,
Fein und blank, mit sieben rothen Steinen,
Daß sie seinen Schwüren glauben möchte;
Und sie glaubt', und ließ von ihm sich küssen.
Lieblich däucht' es ihr den langen Sommer.
Aber als im Herbst die Vögel zogen,

Fernhin zogen und nicht wiederkamen;
Kam auch er nicht wieder gleich den Vögeln;
Wo er blieb, das mag die Sonne wissen.
Doch jedweden Abend kam das Mägdlein,
Saß am See und weinte heiße Thränen,
Weint' hernieder auf den Schnee im Winter,
Und im Frühjahr auf die blauen Veilchen.
Aber in der Nacht der Frühlingsgleiche
Schrie sie laut empor vor großer Trübsal,
Sprang hinunter dann in's schwarze Wasser.
Keiner hat sie wieder je gesehen;
Nur den Goldreif warf der See an's Ufer.

So zum einen Raben spricht der andre,
Doch Herrn Stojan dünkt es üble Kurzweil;
Dröhnend schlägt das Herz ihm wie ein Hammer.
Seinem Rothroß drückt er ein die Sporen,
Daß es stöhnt und jählings drauf dahinschießt,
Kreuz und quer, von keinem Pfad geleitet.
Aber endlich keuchend hält es stille;
Hält an einer Hütt', und will nicht weiter.

Tief im finstern Walde liegt die Hütte;
Hat nicht Fenster mehr, noch Thür und Angel;
Hohes Unkraut wuchert auf der Schwelle.

Sitzen auf dem Dach zwei wilde Tauben,
Blau und weiß, ein Männlein und ein Weibchen,
Gurren laut, und wohl vernimmt's Herr Stojan.
Fragt die wilde Taube da den Tauber:
Männlein sprich, was ist's mit dieser Hütte,
Daß darinnen keine Menschen hausen,
Wie in allen Hütten sonst im Forste?
Warum steht sie gar so öde? Sag' mir's!
Ihr erwidert drauf der wilde Tauber:
Mährlein sollst du hören, du mein Weibchen;
Nicht zu jeder Zeit war's hier so einsam.
Wohnte vormals in der Hütt' ein Köhler,
Alt von Jahren, schwarz, mit weißem Barte;
Wohnte mit ihm drin ein junger Knabe,
Sah nicht aus wie Köhlerbuben aussehn,
Hieß er so, doch war er's nicht in Wahrheit.
Denn am See einst fand das Kind der Alte
Morgens nach der Nacht der Frühlingsgleiche,
Nahm's und pflegt' es groß an Sohnes Stelle.
Stark und schön erwuchs der Knab' im Walde,
Goldne Locken sproßten ihm am Haupte,
Schwarze Brauen über schwarzen Augen.
Doch am Meiler mocht' er nimmer stehn,
Noch die Kohlen schüren mit dem Schürbaum,
Schnitzte lieber Bogen sich und Pfeile,

Scharfe Pfeile, die das Wild erlegen,
Oder zog sich Falken auf zur Beize.
Täglich ging er dann hinaus zu jagen,
Kehrte heim zu Nacht mit reicher Beute,
Und der Köhler freute sich des Mahles.
Aber einst, am Tag der Sonnenwende —
Sieben Jahre sind es nun und länger —
Ging er auch zu Wald, und kam nicht wieder,
Kam auch nicht am andern Tag, noch später,
Daß der Alte drob zu Tod sich härmte.
Wo er blieb, das mag die Sonne wissen.

So zur wilden Taube spricht der Tauber;
Doch Herr Stojan hört es mit Entsetzen,
Kalter Angstschweiß perlt ihm von der Stirne,
Und zu Eis gefriert sein Herz im Leibe.
Plötzlich wirft er dann herum sein Rothroß,
Jagt nach Hause fort durch Dorn und Dickicht,
Jagt in Hast, als ob der Tod ihn hetze.
Scharf in's Antlitz schlagen ihm die Aeste,
Zornig pfeift der Wind aus Hagelwolken,
Doch er merkt es kaum und fleucht von bannen.

Als er nun das Thor der Burg erreicht hat,
Sporenklirrend eilt er in die Halle,

Heißt im Steinkamin ein Feuer zünden,
Hoch aus Fichtenholz ein großes Feuer,
Daß er sich sein frierend Herz erwärme,
Wirft sich lechzend dann in seinen Sessel.

Bald im Steinkamine brennt das Feuer,
Brütend in's Gelober starrt Herr Stojan;
Aber wie er starrt, da saust es drinnen,
Saust und prasselt um die harz'gen Scheite;
Sieh, und plötzlich reckt sich hoch die Flamme,
Blitzt ihn an, und spricht mit rothen Zungen:
Mährlein künden will ich dir, Herr Stojan,
Dunkle Mährlein von vergangnen Tagen.
War ich einst ein Fichtenbaum im Walde,
Streckte tief in's Erdreich meine Wurzeln,
Meinen Wipfel in des Himmels Bläue.
Wohl gedenk' ich noch der alten Zeiten,
Doch zumeist des Tags der Sonnenwende,
Sieben Jahre sind es nun und länger.
Saß ein Knabe da in meinem Schatten,
Goldnen Haars, mit schwarzen Augenbrauen,
Trug auf seiner Faust den schönsten Falken,
Spielt' und koste mit dem klugen Vogel.
Zu der Stunde kamst auch du, Herr Stojan,
Kamst vom Waidwerk durch den Busch geschritten,

Sahst den Falken an, und er gefiel dir,
Daß du trutzig ihn vom Knaben heischtest.
Aber dieser wollt' ihn nimmer lassen,
Faßt' ihn fest und lachte, da du drohtest,
Lachte, wie du selber pflegst zu lachen.
Da ergrimmte dir die finstre Seele,
Zogst ein spitzes Messer aus dem Gürtel,
Stießest ihm in's Herz das spitze Messer,
Wandtest dich, und flohst mit rothen Händen;
Kreischend hub der Falk sich in die Lüfte.
Doch im Moos verscheidend lag der Knabe;
Langsam aus der Wunde troff sein Herzblut,
Troff in Strömen über meine Wurzeln,
Troff hinunter in die schwarze Erde.
Sieh, da schauderte die schwarze Erde,
Zuckte wie im Krampf, und schrie zur Sonne:
Weh, von welchem Blut hab' ich getrunken!
Blut, verströmt in unerhörtem Gräuel,
Kindesblut von Vaterhand vergossen!

Also saust im Steinkamin die Flamme.
Da vom Sessel fluchend springt Herr Stojan,
Reißt den krummen Säbel aus der Scheide,
Haut in blinder Wuth damit in's Feuer,

Daß die Brände durch die Halle spritzen,
Taumelt dann, und stürzt erschöpft zu Boden.

Aber leise züngelt's aus den Bränden,
Schießt wie rothe Schlänglein hin und wieder,
Leckt, und klimmt empor am Wandgetäfel,
Klimmt empor in's Balkenwerk der Decke.
Doch urplötzlich droben wächst die Lohe
Wie ein Riesenfächer, der sich aufschlägt,
Bricht zugleich durch Fenster, Pfort' und Gitter
Wirbelt aus dem Dach als Feuersäule,
Wirbelt hochhinauf zum dunkeln Himmel,
Und in Flammen kracht die Burg zusammen.

Liegt nun tief im Wald ein Trümmerhaufen,
Hochgethürmter Schutt, verkohlte Balken;
Jagt kein Jäger dort, und treibt kein Hirte,
Singt kein Vogel auch an jener Stätte,
Und kein Thau benetzt umher das Erdreich.
Denn verflucht sind die geschwärzten Steine;
Drunter liegen die Gebeine Stojans,
Stojans, der den eignen Sohn erschlagen.

Valer und Anna.

(Aus einem größeren Gedichte.)

Als Bonapart' auf seinem Siegesgang,
Dem keine Hand von Staub ein Ziel zu stecken
Bestimmt schien, plötzlich stockt', und wankt', und sank
Durch Moskau's Flammen und des Winters Schrecken,
Geschah's, daß in des Rückzugs Hast und Drang,
Der wirr dahinstob durch die öden Strecken,
Ein deutscher Hauptmann unter'm flücht'gen Trosse
Im Schnee zusammenbrach mit seinem Rosse.

Erstarrt vom Froste, halb verhungert, wund
Sucht er noch einmal sich emporzuraffen;
Umsonst, sein Haupt sinkt rückwärts auf den Grund
Zu Wagentrümmern, weggeworfnen Waffen
Und Todten, die, gleich ihm, in weitem Rund
Die Flucht umhergestreut. Ein tief Erschlaffen
Kommt über ihn; mit Mühe nur die Hände
Noch faltet er und faßt sich auf sein Ende.

Oft hatt' er schon in des Gefechtes Glut
Dem Tod getrotzt; auch jetzt in dieser herben
Gestalt sieht er ihn an mit festem Muth;
Trifft's doch nur ihn, der ohne Weib und Erben.
Wenn irgend ein Gedank' ihm wehe thut,
Ist's der, nicht für sein Vaterland zu sterben;
Denn treu im Sinn dem Geiste seiner Ahnen,
Folgt' er gezwungen nur des Kaisers Fahnen.

So liegt er da, liegt manche Stunde lang,
Bewußt bald, fiebernd bald von Kampf und Schlachten;
Um Mittag war's, als er zu Boden sank,
Und nun bereits will's über'm Schneefeld nachten;
Die wunde Schulter brennt; nach einem Trank
Lechzt seine Kehle mit erhitztem Schmachten —
Da hört er's traben, dann ein Pfiff, ein Fluchen.
Das sind Kosacken, die nach Beute suchen.

Und näher kommt's, und roth wie Fackelbrand
Fließt's um ihn her; er sieht im engen Kreise
Die bärt'gen Lanzner, die mit sichrer Hand
Den Tod ausplündern nach Barbarenweise.

Da rinnt, was er bisher noch nie empfand,
Ein Schau'r von Furcht durch Mark und Bein ihm leise.
In Gottes Hand hatt' er sich still ergeben,
Die Hand des blut'gen Räubers macht ihn beben.

Schon beugt ein Graubart über ihn sich her,
Und als der Wunde, den er todt geglaubt,
Emporzuckt, greift er ruhig nach dem Speer,
Ihn kalt zu machen, eh' er ihn beraubt;
Da plötzlich schallt ein Ruf: Um Gott! Vater!
Halt! Halt! — Und durch den Schwarm mit hohem Haupt
Drängt sich ein Jüngling, dem die Silberlitzen
Der Russengarden an den Schultern blitzen.

Zurück, zurück, Kosacken! ruft er wieder.
So bittre Störung kam den Plündrern nie;
Doch da sie Degen, Schärp' und Hutgefieder
Am Fremdling schaun, gehorchen zögernd sie.
Der aber wirft sich bei dem Deutschen nieder,
Das Haupt ihm sanft aufstützend mit dem Knie,
Reibt ihm die Schläfe, tröpfelt ihm zum Munde
Ein Neschen Wein, und forscht nach seiner Wunde.

In's Meer wirf deine Wohlthat, spricht ein Lied
Im Morgenland, dem Land der weisen Zungen;
Wirf sie in's Meer, wenn sie der Fisch nicht sieht,
So sieht sie Gott. Nachsprech' ich's tiefdurchdrungen;
Die gute That, wie still sie auch geschieht,
Ist unverloren. Gleich dem Kern, verschlungen
Vom Boden, reift sie. Sinkst du einst ermattet:
Sie ward zum Baum indeß, der kühl dir schattet.

Valer erfuhr's. Er hatt' auf Moskau's Gassen
Jüngst einen Bauern, dessen schlichte Tracht
Kaum zu den feinen Zügen wollte passen,
Aus trunkner Schweizer Händen losgemacht;
Zwar seinen Namen hatt' er ihm gelassen,
Doch dann des Vorfalls weiter nicht gedacht;
Im schmucken Kriegsmann nun, der ihm so bieder
Beispringt, erkennt er seinen Schützling wieder.

Zum Reden freilich fehlt jetzt Kraft und Zeit.
Gefahr ist im Verzug. Der Russe schlingt
Ihm um die Wund' ein Tuch voll Sorglichkeit.
Das weich und feucht das Blut zum Stocken zwingt.

Dann ruft er laut, ein Schlitten steht bereit,
Drauf man den Tieferschöpften unterbringt;
Der trinkt noch einmal mit gedehntem Zuge;
Drauf sinkt er hin — und vorwärts geht's im Fluge.

Schlaf, süßer Schlaf, geheimnißvoller Sohn
Des heil'gen Dunkels, der du jede Last
Uns abnimmst, und im Kranz von buntem Mohn
Vom Bruder Tod nichts als sein Lächeln hast;
Wenn du dem Herzen, dem sein Glück entflohn,
Die allzulauten Schläge lullst in Rast,
Wie lieblich dann, ein Hauch aus Paradiesen,
Ist deiner Flügel Wehen! Sei gepriesen!

Auch unsern Dulder rührt ihr sanfter Schlag;
Wie kühler Schatten ruht's auf seinen Sinnen,
Lang, lang. — Zwar manchmal will, als wär' es Tag,
Ein Strahl durch seiner Träume Zwielicht rinnen,
Doch sinkt er stets, eh er sich sammeln mag,
Auf's neu zurück, er fühlt's, auf weiche Linnen.
Wie viel indeß verfließt des Zeitenschwalles,
Ihn kümmert's nicht. Er ruht — und das ist alles.

Doch endlich summt es in sein trunken Ohr
Wie tiefmetallner Hall, und klingt, und klingt —
Er hört's, er rührt sich, schlägt das Aug' empor,
Und wie sein Blick umher im Kreise bringt,
Als ob er stets noch träume, kommt's ihm vor;
Im Himmelbett, das grüne Seid' umschlingt,
Sieht er sich ruhn, in hohem Teppichzimmer,
Mit Holz getäfelt von gedämpftem Schimmer.

Und hier ein Tischlein; Gläser mannigfalt,
Arzneien drauf, gezupfte Linnenflocken;
Und dort zunächst dem Fenster, mild umwallt
Vom Sonnenglanz und vom Getön der Glocken,
Hinlehnend eine weibliche Gestalt.
Sie kehrt den Rücken ihm; die braunen Locken,
Wie drüberhin des Morgens Strahlen wogen,
Sind wie von goldnem Glorienschein umzogen.

Zu ordnen scheint sie mit vertieftem Sinn
Die Blumen, die des Fensters Blend' umranken,
Und wie zum Gruß um's Haupt der Pflegerin
Mit brennend rothen Kelchen niederschwanken.

Valer starrt hin, blickt fort, starrt wieder hin —
's ist wie zuvor. Er müht sich, die Gedanken
Zu zwingen, daß sie Sonst und Jetzt verbinden;
Umsonst, er weiß sich nicht zurecht zu finden.

Den Sturz im Schnee, die Angst der Schreckensnacht,
Ein dumpf Empfinden dann, er sei gerettet,
Mehr kann er nicht erinnern, wie bedacht
Rücksinnend er auch Schlüss' an Schlüsse kettet.
Wer hat in dies Asyl ihn hergebracht?
Wer ihn so weich und liebevoll gebettet?
Gepflegt, verbunden, wer? Und wer ist dort
Die holde Hüterin am holden Ort?

Er stützt sich auf im Bett, und hingewandt
Zu ihr — auf russisch, daß sie ihn verstehe —
Wo bin ich? fragt er, welcher güt'gen Hand
Verdank' ich's, daß ich noch das Tagslicht sehe?
Da blickt sie um, und steht wie festgebannt,
Thränen im Aug'. Ob's Scham vor seiner Nähe,
Ob's Freud' ist, was sie so bewegt, ob Beides —
Ich kann's nicht sagen; wer's vermag, entscheid' es!

Gelobt sei Gott! so ruft sie, und vom Grunde
Des vollen Herzens quellen Ton und Wort.
Doch dann, vergessend ganz, daß er um Kunde
Sie ansprach, wie ein Rehlein schlüpft sie fort
Mit leichten Füßen. Nachblickt ihr der Wunde,
Und preßt die Hand auf's Herz, als spürt' er dort
Ein plötzlich Leid — da, freudig lächelnd, tritt
Sein junger Retter ein mit raschem Schritt.

Nun geht's an ein Erzählen, Forschen, Fragen,
Und bald sind alle Wunder aufgeklärt.
Valer, vom flücht'gen Schlitten hergetragen,
Ruht an Gregors, des Russen, altem Herd,
Wo ihm, dem Schläfer, nun seit sieben Tagen
Der edle Gastfreund Pfleg' und Schutz gewährt,
Von seiner Schwester, seiner Mutter Händen
Hold unterstützt, die Wohlthat zu vollenden.

Auch hört Valer, um den's wie Licht sich breitet,
Daß mehr Gregor ihm dankt, als er verstand;
Er trifft in ihm den Kühnen, der, geleitet
Von heil'gem Zorn, den düstern Fackelbrand

In Moskau's Schooß verkleidet vorbereitet —
Und fiel er damals in der Franken Hand,
Ward er erkannt auf seinen dunkeln Pfaden,
So war sein Theil die Kugel sonder Gnaden.

Bald nahn, den Gast zu grüßen, auch die Frauen:
Die Mutter mild und ernst, in Wittwentracht,
Ergebner Schwermuth Lächeln um die Brauen —
Die Tochter sah vorhin er, kaum erwacht.
Weich, schlank und schmiegsam ist ihr Wuchs zu schauen;
Vom Auge, dunkel wie gestirnte Nacht,
Strahlt Güt' und Unschuld; Schläf' und Wangen zeigen
Den blassen Schmelz, der ächten Perlen eigen.

Bald wird man traulich. Das Gespräch durchweben
Rührung und Scherz, die gern Genossen sind,
Wie Falter gern um dunkle Bäche schweben —
Erwärmt vergißt man, daß die Stunde rinnt.
Erst als Gregor, dem Kranken Ruh zu geben,
Zum Aufbruch anmahnt, scheidet man geschwind,
Und Anna spricht, gemach der Scheu entschleiert,
Sie habe nie so froh Advent gefeiert.

Advent! Das wollten jene Glocken sagen,
Die in den Traum ihm klangen tief gestimmt;
Advent! Ihm kommt aus frühsten Jugendtagen
Ein Schauer bei dem Wort, sein Auge schwimmt:
Des Münsters dunkle Pfeiler sieht er ragen,
Die Orgel hallt, die Fensterrose glimmt;
Advent! Du Fest, zur Heilsbotschaft erkoren,
Er fühlt an dir zum Heil sich neugeboren.

So mild ist kein Gefühl, als zu genesen
Von schwerer Krankheit, die uns trüb umgraut.
Ein sanft Ermatten liegt auf unserm Wesen,
Gleich jenem Duft, der über Früchte thaut;
Wir blättern spielend nur, anstatt zu lesen,
Im Buche der Erscheinungen, doch schaut
Beim holden Spiele, deß wir rastend pflegen,
Die schöne Welt nur inn'ger uns entgegen.

Empfunden hab' ich's einst an Griechenlands
Gestaden, wo ich schon zu sterben wähnte.
O, wie mir da getaucht in tiefern Glanz
Der Himmel schien, die Bucht sich blauer dehnte,

Als ich nach Tagen dumpfen Fieberbrands
Am Zinnenrand des Klostergartens lehnte,
Und tiefen Zugs die duft'ge Kühle sog,
Die sanft herauf von Blütenwäldern flog!

Glückfel'ge Stund'! In stiller Glorie ging
Des Tages Stralenwimper langsam nieder;
An Tempeln und Cypressen scheidend hing
Sein Feuerblick, die Berge glänzten wider,
Das weite Meer ward wie ein goldner Ring —
Rubin die Inseln drin — und ferne Lieder
Trug her der Wind. Ich jauchzt' und fühlt' allein:
Du lebst, du lebst, und dieß ist wieder dein!

So war's Valer. Und Süßres noch vielleicht
Geschieht ihm. Dank und Muße schüren sacht
Ein Feuer, das ihn erst im Traum beschleicht,
Und, wie er's spürt, schon brennt mit Uebermacht;
Aus jedem Becher, den ihm Anna reicht,
Nun trinkt er Leid und Wonnen; jede Nacht
Entschläft er, ihres Namens Hall im Munde;
Am Arm vernarbt, im Herzen klafft die Wunde.

Wer schilt ihn drum? Mit einem schönen Kind
Ist's mißlich unter Einem Dach zu leben;
Wer mag an so viel Reizen täglich blind
Vorbeigehn, so ihm Gott ein Herz gegeben?
Besonders, wenn dies Herz noch nie geminnt,
Wie's bei Valer war, oder wenn ihm eben
Die Welt entriß, woran es hing in Treue;
Heimweh nach alter Liebe zeugt die neue.

Nennt mich leichtfertig nicht um dieses schwere
Geständniß. Doch so ist des Manns Natur:
Viel trägt sein junges Herz, nur nicht die Leere,
Wenn's einmal erst, was Lieben heißt, erfuhr;
Im Blick noch um vergangnes Glück die Zähre,
Sucht er schon künft'ges. Romeo ließ sich nur
So rasch von Juliens Augen überwinden,
Weil er voll Schwermuth war um Rosalinden.

Doch Anna? fragt ihr. Nun, die weiß von Grämen,
Von Seufzern nichts, fort blüht sie ohne Harm;
So einfach scheint ihr's, Theil an dem zu nehmen,
Der ihr den Bruder löst' aus Feindes Schwarm.

Daß süß dieß Mitleid, soll sie sich drum schämen?
Sie hegt ihn, pflegt ihn, stützt ihn mit dem Arm,
Wenn er, auf Stunden seiner Haft entlassen,
Lustwandelt auf des Schlosses Glasterrassen.

Und Abends, wenn im trauten Lampenschein
Beim Nachtmahl er erzählt von seinen Zügen,
Von Krieg und Schlacht, vom heimathlichen Rhein,
Da lauscht sie still mit athmendem Vergnügen;
Auch flicht sie wohl ein lächelnd Wort mit ein
Und weiß voll Sinn zu preisen und zu rügen:
Oft muß er staunen, wie sie, kaum berichtet,
Mit sicherm Geist die schwersten Dinge schlichtet.

Viel Weisheit wohnt beim weiblichen Geschlechte,
Dafern der Ahnung Stimm' aus seiner Brust
Nicht weggebildet ward. Wo Tag' und Nächte
Der Mann oft Gründe wägt für Scheu und Lust,
Da trifft beim ersten Blick die Frau das Rechte,
Sie trifft's, und ist sich keines Grunds bewußt;
Der Mann fragt Bücher, Freunde, Welterfahrung,
Das Weib vernimmt des Herzens Offenbarung.

Drum geh zu Frau'n, willst du Entscheidung haben
Auf irrem Pfad, bei schwankendem Geschick;
Und bist du Künstler, breite deine Gaben
Am liebsten aus vor ihrem reinen Blick,
Und wohl dir, mögen sie sich dran erlaben!
Nur eins, bleib ihnen fern mit Politik,
Denn hier auch spricht ihr Herz, das heißt: es schwört
Blind auf das Banner deß, dem's angehört.

Doch zum Bericht! Wir kommen sonst in's Stocken.
Das Weihnachtsfest ist unter Kerzenschein
Dahingeflohn und kindlichem Frohlocken;
Des Jahres letzte Dämmerung bricht herein.
Unwetter bringt sie braußen, Sturm und Flocken,
Bleigießen drinnen, scherzhaft Prophezein;
Auch läßt Nußschalen man, drin Lichter glimmen,
Im weiten Rund des Silberbeckens schwimmen.

Glückwünschend drauf bei hellem Gläserklange
Begrüßt man sich um Mitternacht. Valer
Wird still; der Schluß des Jahres mahnt ihn bange,
Daß hier nicht fürder seines Bleibens mehr.

Nach Anna blickt er mit wehmüth'gem Drange;
Die scherzt und lacht; ihr scheint das Herz nicht schwer
Um Künft'ges, das sie freilich nie erwogen.
Da blitzt's ihm auf: Wie, wenn du dich betrogen?

Er geht, doch nicht zur Ruhe. Schlaflos ziehn
Die Stunden hin; er stürzt von Lust in Schmerzen,
Von Zweifelsqual in Hoffnung. Liebt sie ihn?
Nicht Rast vergönnt dies Räthsel seinem Herzen.
Vom Lager springt er, schürt im Steinkamin
Die Flammen auf, entzündet seine Kerzen,
Setzt sich und schreibt, von hast'ger Glut getrieben,
Und dann zerreißt er, was er kaum geschrieben.

Ach, jedes Wort erscheint ihm todt und kalt;
Er kann's nicht mit den dürft'gen Lettern sagen,
Was zitternd heiß in seiner Seele wallt;
Wer fesselt auch des Lebenspulses Schlagen?
Wer bannt der Lohe Züngeln zur Gestalt?
Je mehr er sinnt, so mehr muß er verzagen.
Die Hähne krähn, der Dämmrung weicht die Nacht,
Die Sonne steigt, und er hat nichts vollbracht.

Bleich, überwacht, das Blut von Fieberpein
Erregt, betritt er um des Frühmahls Zeit
Den Saal, und findet Anna noch allein.
Holdselig sitzt sie da; das schlichte Kleid
Von blassem Meergrün hebt den Silberschein,
Der um ihr Antlitz webt. Voll Herzlichkeit
Begrüßt sie ihn auch heut; doch sie erschrickt,
Wie sie des Gastes düstre Stirn erblickt.

Um Gott, Vater, was ist euch angethan?
So fragt sie bang, Bestürzung auf den Brauen,
Sagt an, welch plötzlich Unheil konnt' euch nahn?
Sprecht! sprecht! — Er aber blickt sie mit den blauen
Tiefdunkeln Augen lange forschend an,
Als wollt' er wie Krystall ihr Herz durchschauen;
Dann spricht er kurz, doch bebt im Ton sein Leiden:
Ich bin genesen, Anna, ich muß scheiden.

Von Menschen wissen wir, die in der Nacht
Der Mond emportreibt mit entschlafnen Sinnen;
Wie Geister sonder Schwere wandeln sacht
Auf Giebeln sie dahin und Thurmeszinnen;

Doch rufst du sie bei Namen: jäh erwacht
Des Auges Nebel fühlen sie zerrinnen;
Sie sehn, sie zittern, Angst befällt die Glieder,
Und Schwindel reißt sie in die Tiefe nieder.

So ist's mit Anna. Wie ein Traum zerstiebt
Beim Worte: Scheiden all ihr harmlos Wähnen;
Auf steilem First, der nirgends Halt ihr giebt,
Sieht sie zu Füßen sich den Abgrund gähnen;
Sie ist erwacht, sie stürzt hinein — sie liebt.
Durch ihre Wimpern bricht ein Strom von Thränen,
Und aus der tiefsten Seele weint das Wort:
O bleib, Vater, o bleib, o geh nicht fort!

Und wie er glühend nun, halb unbewußt,
In dunklem Trieb nach ihr die Arme breitet,
Da wirft sie stürmisch sich an seine Brust
Und will vergehn in Schluchzen. O wie streitet
Im Zittern dieses Lautes Leid mit Lust!
Wie holden Wohlklang auch die Welt bereitet,
So süß mag keiner wie solch Weinen sein,
Das wortlos sagt: ich bin auf ewig dein.

Und dann, indeß ihn fest die Arm' umschließen,
Wirft sie das Haupt zurück, und schaut empor
Zu ihm mit Augen, die von Thränen fließen,
Und dennoch lächeln, ach, wie nie zuvor;
Da fühlt er all sein Blut zum Herzen schießen,
Ihm dämmert's vor dem Blick, ihm klingt's im Ohr;
Sich neigend bricht er — Schauer im Gemüte —
Von ihrem Mund des ersten Kusses Blüte.

Was sonst die Stunde bringt, das sagen Lieder
Nicht aus. Gesegnet, wer es einst empfand!
Ein Hall davon klingt lang nachzitternd wieder
Durch all sein Leben. Sank im Sonnenbrand
Ihm längst der Jugend Blumenschmuck darnieder:
Im rothen Herbstlaub noch, im Schneegewand
Vernimmt er fern am stillen Tag die Weise,
Die ihm dies Echo singt, und lächelt leise.

Noch halten sich die Liebenden umfangen,
Im Strom der Lust vergessend Welt und Zeit,
Da tritt die Gräfin ein. Mit heißen Wangen
Fliegt schamhaft an der Mutter Brust die Maid;

Und bald hat jene Wissenschaft empfangen
Von dem, was längst das Herz ihr prophezeit.
Seit Wochen still gefaßt auf solch Begegnen,
Was anders kann sie heute thun, als segnen?

Gregor auch weis't den Freier nicht zurück;
Doch forscht er, ohne seine Wahl zu schmälen,
Zuvor noch klüglich nach manch anderm Stück,
Als nach dem wahlverwandten Zug der Seelen.
Er meint, zu dauerhaftem Eheglück
Darf Haus und Herd als sichrer Grund nicht fehlen,
Und, alle Macht der Sympathie in Ehren,
Liebe, die hungert, wird nicht lange währen.

„Nur eine Hütt' und Sie!" ist leicht gesagt
Und schwer gethan. Auf Wochen laß' ich's gelten.
Auf länger find' ich's mindestens — gewagt,
Und mögt ihr mich darum prosaisch schelten.
Zwar Fälle giebt's, wo Lieb' im Kleid der Magd
Erst ganz als Kön'gin stralt. Doch sie sind selten,
Wie Silberkrähn; und weise thut Gregor,
Zieht er dem Ausnahmsfall die Regel vor.

Doch fügt sich Alles bald. Vater ist zwar
Nicht eben reich, allein er hat zu leben;
Ein Gut ist sein, ein Sümmchen blank und baar,
Ein Haus am Rhein dazu, bekränzt mit Reben,
Dorthin, beschließt man, soll das junge Paar,
Sobald der Priester Hand in Hand gegeben,
Sich übersiedeln. Bis zur Hochzeitsfeier,
Das heißt bis Ostern, bleibt als Gast der Freier.

Er bleibt, und sieht beglückt den Reiz der Braut
Sich voller stets und inniger erschließen;
Denn wie die Lilie blüht sie, frischbethaut,
Und sein ist all ihr Duften, all ihr Sprießen.
O schöne Tage, deren Himmel blaut!
Mit Schweigen lass' ich euch vorüber fließen,
Denn ihr seit eitel Glanz, und für den Dichter
Sind starke Schatten noth, wo hell die Lichter.

Wie kommt's doch, daß wir besser Trauer singen,
Als Lust? daß mächt'ger stets ein Angesicht
Uns fesselt, dem vom Auge Thränen bringen?
Ist's, weil der Menschenseele zartes Licht

Erst, wenn des Grames Schatten sie umringen,
In vollem Regenbogenstral sich bricht?
Ist's, weil, seit Adam fiel, in jedem Herzen
Der letzte tiefste Ton ein Ton der Schmerzen?

Ein einzig Wölkchen bräut dem neuen Bunde,
Doch nur von fern. Des Hauses ältster Sohn,
Graf Paul, dem man nach Kasan hin die Kunde
Gesandt hat, scheint nicht sehr erbaut davon.
Er haßt, der Himmel weiß aus welchem Grunde,
Was deutsch sich nennt, und schreibt in bitterm Ton,
Als Schwager sei ein Ruff' im Bauernhembe
Ihm lieber, als ein Junker aus der Frembe.

Was ist dabei zu thun? Man läßt ihn grollen,
Man setzt sich drüber weg, und doppelt leicht,
Weil Liebe Flügel hat. Indessen rollen
Die Nebel auf, wie Tag um Tag verstreicht;
Bald ist die Luft von wärmer'm Hauch durchquollen,
Im Garten schmilzt der Schnee vom Stral erweicht,
Und glorreich endlich, Auferstehungswonne
Durch's All ergießend, steigt die Ostersonne.

Und Hochzeit giebt es. Aus des Kirchleins Hallen,
Wo man die Ringe tauschte, geht's zum Mahl,
Das man auf russisch hält; die Pfropfen knallen,
Die Gäste werden munter beim Pokal;
Ein Lied wird angestimmt, Trinksprüche schallen,
Man jauchzt, lacht, weint und küßt sich ohne Wahl;
Beim Nachtisch kniet Valer zu Anna's Füßen,
Und trinkt aus ihrem Schuh mit stummem Grüßen.

Und als der Abend dunkelt, steigt das Paar
Zum Hof herab, wo große Feuer brennen;
Dort tummelt sich der Knecht' und Bauern Schaar.
Welch froher Lärm! Welch Durcheinanderrennen!
Der Glühwein dampft und macht die Kehlen klar,
Die Balalaika schwirrt, und auf den Tennen
Siehst du im Hemd, verbrämt mit Purpurschnüren,
Manch schwarzgeaugtes Kind den Reigen führen.

Doch kaum, daß die Vermählten man gewahrt,
Da drängt sich alles zu und flüstert leise;
Der küßt der Braut die Hand, wie Schnee so zart,
Und der des Kleides Saum nach Slavenweise.

Da tritt ein Greis mit silberweißem Bart,
Geführt vom blonden Enkel, aus dem Kreise,
Und spricht, wie Citherschlag und Reigen schweigt,
Die Arme kreuzend und das Haupt geneigt:

Anna Petrowna, nimm zum hohen Feste,
Nimm deines alten Knechtes Segen an!
Gott sei mit dir, wie du uns stets die beste
Gebiet'rin warst, und hold zu jedermann.
Ach, daß du Täublein nun so weit vom Neste
Hinwegfliegst aus des heil'gen Rußlands Bann!
Traun, Lieb' ist stark — doch wie wird uns geschehen,
Wenn wir dein Antlitz, Seelchen, nicht mehr sehen?

Denn du warst wie der Mond uns in der Nacht,
Du warst — er stockt, und wischt die hellen Thränen
Sich mit des Aermels Pelz vom Auge sacht,
Und muß sich schluchzend auf den Knaben lehnen.
Da geht durch Anna's quellend Herz mit Macht
Noch einmal hin der Heimat Lust und Sehnen;
Sie weint und lernt im höchsten Glück erkennen:
Es ist doch schwer, vom Vaterland sich trennen.

Ja, schwer ist jeder Abschied. Selbst vom Ort
Reizlos und traurig, wo wir Leid erfuhren,
Ziehn wir zuletzt nicht ohne Seufzer fort.
Wir drückten unsres tiefsten Wesens Spuren
Auf das, was stündlich um uns war, auch dort.
Ach, mit dem Braun der öden Haidefluren,
Den sand'gen Höhn, den düstern Föhrenbäumen
Verwuchs ein Stück von unserm Sein und Träumen.

Doch, wenn es gilt der Heimat Statt zu meiden,
Wo jeder Waldpfad Mährchen uns vertraut
Aus goldner Kindheit, wo von Glück und Leiden
Erinn'rung bebt in jedem Glockenlaut,
Altan und Garten in den Glanz sich kleiden
Der ersten Liebe, die nur sie geschaut,
Wo Giebel, Thürme, Wipfel alles wissen,
Was unser Herz beseligt und zerrissen:

Wohl brängt sich da mit Fug ein schmerzlich Ach
In's Lebewohl. — Doch nun zu Anna's Harme!
Sanft führt Valer sie fort; er fühlt es nach,
Was sie durchbebt, und schweigt im lauten Schwarme.

Erst spät, ganz spät, im stillen Brautgemach,
Da schließt er fest und treu sie in die Arme,
Und spricht: O du, nun ganz und ewig mein,
Mein Herz soll fortan deine Heimat sein!

Ada.

Tagebuchblätter.

Was heißt durch Wald und Aue
Mich wieder träumen gehn?
Auf's Moos gestreckt in's Blaue
Durch stille Wipfel sehn?

Woher dies sanfte Glimmen,
Das in's Geblüt mir bringt?
Dies leise Harfenstimmen,
Das mir im Sinn erklingt?

Ich forsch' in meinem Innern,
Allein ich rath' es kaum:
Ist's nur ein hold Erinnern?
Ist's goldner Hoffnung Traum?

Doch weiß ich: also blühte
Mein Leben wundersam,
Als einst mir in's Gemüthe
Die erste Liebe kam.

———

Schaffe, Mutter Natur, mit Schweigen
Dein stilles Werk in der Tage Kreis —
Wachse geborgen unter den Zweigen,
Wachse, blühe, mein Edelreis!

Die erquicklichste Helle
Wirf, o Sonn', herab aus dem Blau!
Träufle, Himmel, auf diese Stelle
Deinen süßesten Thau!

Denn hier ist heil'ger Ort, es bricht
Ein junges träumendes Leben
Mit scheu sehnsüchtigem Beben
Aus zarten Hüllen an's Licht.

Schon rühren ahnungsreich
In ihm sich himmlische Kräfte.
Wirke, wirke dein still Geschäfte,
Mutter Natur, und hüte zugleich!

Ach, fernhin ziehn mich fremde Sorgen;
Aber von fern auch segn' ich dich leis
Jeglichen Abend, jeglichen Morgen;
Im Grün geborgen
Wachse, blühe mein Edelreis!

Noch webt der Kindheit Dämm'rung ihr um's Haupt
Und läßt sie träumen kaum von künft'ger Blüte;
Dein Wahn nur ist's, der mehr zu spüren glaubt;
Drum still, mein Herz, und dein Geheimniß hüte!

Doch einst, ach, wird sie einst die Deine sein?
Wirst du noch alternd ihrer Jugend taugen? —
Mein gläubig Herz spricht: Ja, mein Kopf spricht: Nein;
Und heiß vom Herzen schießt mir's in die Augen.

So schwank' ich Stund' um Stunde. Nacht wird Tag,
Und Tag wird Nacht im langen bangen Warten.
Wann kommst du Mai? Wann blüht die Ros' im Garten,
Daß ich mein Schicksal wissen mag!

———————

Schlage nicht die feuchten Augen
Bang erglühend niederwärts;
Weine nur, wenn ich dich küsse,
Weine nur, geliebtes Herz!

Junges süßes Leben schauert
In dem tiefen Seelenlaut;
Wein' und küsse nur! Die Rosen
Sind am schönsten, wenn es thaut.

———

Laß Andre nur im Reigen
Mit lautem Gruß mir nahn,
Du bist mein lieblich Schweigen,
Und siehst mich freundlich an.

Dein Auge tief und minnig,
Es sagt mir Tag für Tag,
Was nimmer so herzinnig
Die Lippe künden mag.

So hat die Frühlingssonne
Auch Schall und Rede nicht,
Und doch mit stiller Wonne
Durchschauert uns ihr Licht.

Mir gab den Wohllaut eigen
Der dir den Blick beschied.
Sei du mein lieblich Schweigen,
Und ich will sein dein Lied.

Als ich vertieft heut lag am Waldesrand,
Und bangt' um deine Liebe: fiel von selber
Mir ein vierblättrig Kleeblatt in die Hand.

Und als ich spät im Dunkeln dein gedacht,
Am offnen Fenster in den Garten lehnend:
Da schossen Stern' um Sterne durch die Nacht.

Was hilft's der Welt, daß sie mich von dir trieb?
Nun sind mir Erd' und Himmel Boten worden,
Und sagen grüßend mir, du hast mich lieb.

———

Des Mondes Silber rinnt
Im Wald von Zweig zu Zweigen,
Im Thal die Nebel steigen,
Entschlafen ist der Wind.

Und wie kein Halm sich regt,
Kein Läublein, keine Ranke,
Hat jeder Schmerzgedanke
Sich auch zur Ruh gelegt.

Wie klar erscheinst du mir
In meiner Seele Grunde!
Mir ist zu dieser Stunde,
Ich redete mit dir.

Ich fühl's in sel'ger Ruh:
Eins sind wir, auch geschieden —
Gut' Nacht, und solchen Frieden,
Geliebte, hab' auch du!

Weil mein Mund den klugen Leuten
Oft nur halbe Antwort ſtammelt,
Heißen ſie mich den Zerſtreuten,
Doch ich bin in dir geſammelt.

Laß an Babels Thurm ſie bauen!
Aber mich ſoll eins nur freuen,
Fromm in innerlichem Schauen
Mir dein Bildniß zu erneuen.

Und ſo leb' ich Stund' um Stunde
Einſam mitten im Getriebe,
Still durchſonnt im Herzensgrunde
Vom Bewußtſein deiner Liebe.

So wundersüß hab' ich geträumt zu Nacht,
Und kann mich doch des Traums nicht mehr entsinnen;
Doch fühl' ich noch erwacht
Ein sanftes Feuer durch die Brust mir rinnen,
Das fröhlich mich zu jedem Werke macht.
Gewiß, das ist bein lieber Wille,
Das ist dein Gruß, du hast aus deiner Stille
In rother Frühe zu mir hergedacht.

———

Mag auch heiß das Scheiden brennen,
Treuer Muth hat Trost und Licht;
Mag auch Hand von Hand sich trennen,
Liebe läßt von Liebe nicht.
Keine Ferne darf uns kränken,
Denn uns hält ein treu Gedenken.

Ist kein Wasser so ohn' Ende,
Noch so schmal ein Felsensteg,
Daß nicht rechte Sehnsucht fände
Drüberhin den sichern Weg.
Keine Ferne darf uns kränken,
Denn uns hält ein stark Gedenken.

Ueber Berg' und tiefe Thale,
Mit den Wolken, mit dem Wind,
Täglich, stündlich tausendmale
Grüß' ich dich, geliebtes Kind.
Keine Ferne darf uns kränken,
Denn uns hält ein frisch Gedenken.

Und die Wind' und Wolken tragen
Her zu mir die Liebe dein,
Die Gedanken, die da sagen:
Ich bin dein und du bist mein.
Keine Ferne darf uns kränken,
Denn uns hält ein lieb Gedenken.

Ueberall, wohin ich schreite,
Spür' ich, wie unsichtbarlich
Dein Gebet mir zieht zur Seite,
Und die Flügel schlägt um mich.
Keine Ferne darf uns kränken,
Denn uns hält ein fromm Gedenken.

Und so bin ich froh und stille,
Muß ich noch so ferne gehn;
Jeder Schritt — ist's Gottes Wille —
Ist ein Schritt zum Wiedersehn.
Keine Ferne darf uns kränken,
Denn uns hält ein froh Gedenken.

Es war im tiefsten Waldrevier,
Im Moos zu Füßen ruht' ich dir;
Kein Lüftchen ging vom blauen Zelt,
So still der Ort, so fern die Welt!

Da sah auf deinem Angesicht
Ich blühn des Himmels reinstes Licht,
Es glänzt' in deinem Auge feucht
Der Liebe heiligstes Geleucht.

Und wie ich sog den Himmelsstral,
Zerging in mir der Erde Qual;
Getaucht in deiner Liebe Schein
Da ward ich jung, da ward ich rein.

Ein Siegel lag auf meinem Mund,
Mir war's, du bist auf heil'gem Grund;
Was nur dem Menschen Höchstes ward,
Hier ist's dir selig offenbart.

Und durch die Brust mir frisch und kühl
Hinrann der Ewigkeit Gefühl,
Darin die Stunde Jahre wiegt,
Im Athemzug ein Leben liegt.

Wie lang wir blieben, weiß ich nicht;
Weiß nur: mein Wesen war voll Licht,
Wir waren unser, Ich und Du,
Und Gott der Herr sah segnend zu.

Der Wald wird dichter mit jedem Schritt;
Kein Pfad mehr, kein Steig!
Nur die Quelle rieselt mit
Durch Farrenkraut und Brombeergezweig;
Ach, und unter den Eichenbäumen
Das Gras wie hoch, wie weich das Moos!

Und die himmlische Tiefe wolkenlos
Wie blaut sie durch die Wipfel hier!

Hier will ich rasten und träumen,
Träumen von dir.

Nun hast du dich ergeben
Mir ganz mit Seel' und Leib,
O du mein süßes Leben,
Mein Lieb, mein Kind, mein Weib.

Nimm hin denn sonder Schranke,
Nimm hin auch du, was mein!
Mein innerster Gedanke,
Mein letzt Gefühl ist dein.

Gott schickt hinfort uns beiden
Ein Glück nur, Eine Noth;
Und Nichts mehr kann uns scheiden,
Es scheid' uns denn der Tod.

O fühl's an meines Herzens Schlage,
Wenn du mich schweigend an dich drückst,
Wie du mit jedem neuen Tage,
Geliebte, höher mich beglückst.

Ach, seit in holdem Selbstvergessen
Der Lippe Zagheit dir zerrann,
Nun lern' ich selig erst ermessen,
Welch Kleinod ich an dir gewann.

In deines Herzens lauterm Grunde
Erschließt sich mir die reichste Welt;
Hinunter lausch' ich Stund' um Stunde
Wie in ein wehend Lilienfeld.

Du willst nur lieben, glauben, ahnen;
Und doch, mit diesem stillen Sinn
Auf des Gedankens kühnsten Bahnen
Wie fest und sicher wallst du hin!

Oft staun' ich, wie dein klar Gemüte
Der Dinge tiefste Tiefen mißt —
Und bliebst doch ganz ein Kind voll Güte,
Und ahnst es nie, wie reich du bist.

Ueber die sonnigen Bergesgipfel
Kommt es geflossen wie Liebeshauch,
Schauerndes Leben durchflutet die Wipfel,
Hoch in Blumen entlobert der Strauch.

Alles Gealterte will sich verjüngen,
Alles Gebundene sanft sich befrein, —
Herz, wie jauchzest auch du in Sprüngen
In den klingenden Frühling hinein!

Ziehende Schwäne broben im Blauen,
Drunten die quellende Blütenlust —
Ach, und im Garten hinab zu den Auen
Wandelt mein Weib mit dem Kind an der Brust!

———

Nun komm, mein süßes Weib, und rasten wir,
So lang es dämmert, noch im Erker hier,
Und horchen, wie im Winde reingestimmt
Das Spätgeläut den See herüberschwimmt,
Ja, Feierabend ist, und selig müd
Geschlossnen Auges lehn' ich in die Pfühle,
Und wie ich deine Wang' an meiner fühle,
Glänzt mir auch das noch leise durch's Gemüt,
Wie wunderlieb mich heut zur guten Nacht
Dein Kind aus blauen Augen angelacht.

Wachst du noch einmal auf zum Schmerz
Aus dumpfem Schlaf, zerdrücktes Herz?
Was schlägst du noch? O Gott, sie haben
Mein Weib und all mein Glück begraben. —

Wie die Stunden leise fluten,
Well' auf Well' im ew'gen Lauf,
Hört die Wunde sacht zu bluten,
Hört das Herz zu zucken auf.

Wie Gesang entfernter Schwäne
Lockt der Lenz mich wieder fort,
Und zur Wohlthat wird die Thräne,
Zur Erlösung wird das Wort.

Und den Schmerz, der mich zerrissen,
Da ich stumm vor ihm erlag,
Nimmer könnt' ich nun ihn missen,
Seit ich von ihm klagen mag.

Wie gereift von heil'gem Feuer
Wächst mein Herz in ihm empor;
Ach, und himmlischer und treuer
Lieb' ich nur was ich verlor.

———

Meiner Heimat Buchen grünen
Schöner dieses Jahr, denn je,
Und herüber von den Dünen
Rollt der Wogenschlag der See.

Waldesrauschen, Meeresbrausen,
O wie wuchs mir wundersam
Sonst die Brust von süßem Grausen,
Wenn ich euern Gruß vernahm!

Durch der Wipfel dunkles Weben,
Auf der Tiefe mächt'gem Schooß
Fühlt' ich Gottes Odem schweben,
Und mein Herz ward fest und groß.

Meeresbranden, Waldesschauer,
O so übt auch heut getreu,
Uebt an meiner tiefen Trauer
Eure stille Macht auf's neu!

Singt dem Müden, Sehnsuchtskranken
Das verwais'te Herz in Ruh!
Deckt mit Ewigkeitsgedanken
Der Geliebten Grab mir zu!

Ach, und wie mein irdisch Wesen
Euer Hauch mit Kraft durchquillt,
Laßt mich ahnen ein Genesen,
Das auch dieses Heimweh stillt!

Manchmal, als ob ich dich noch hätte,
Wenn mir der Tag verging in Schmerz,
Trittst du in Träumen an mein Bette,
Und legst mir still die Hand auf's Herz.

Es webt um deine reinen Züge
Der stille Glanz der Ewigkeit;
Doch blickt dein Aug', als ob es früge:
„Was härmst du dich? Ich bin nicht weit."

Und bist du plötzlich dann verschwunden,
Wohl wein' ich wieder, doch es fühlt
Mein Herz zugleich mit seinen Wunden
Den Himmelsbalsam, der sie kühlt.

Ein Hauch ist über mir geblieben,
Ein Trost, wie ihn das Pfingstfest bringt,
Das süße Wissen, daß dein Lieben
Auch durch den Tod noch zu mir bringt.

———